Rolf Krenzer

Kindergarten Kunterbunt

Rolf Krenzer, 1936 geboren, war bis 1993 Rektor und ist immer noch in der Fortbildung tätig. Neben seinen zahlreichen Büchern und Theaterstücken entstanden aus seiner Zusammenarbeit mit modernen Kirchenmusikern Musicals für Kinder und Erwachsene sowie viele MCs und CDs.

Reinhard Horn, Jahrgang 1955, ist verheiratet und hat zwei Kinder. Er ist Komponist, Pianist, Produzent für Bücher und CDs und Autor vieler Lieder für große und kleine Menschen. Seine Konzertreisen führen ihn um die ganze Welt. Außerdem gibt er Seminare und Fortbildungen und ist bekannt durch Fernseh- und Rundfunkauftritte.

Stefanie Scharnberg wurde 1967 in Hamburg geboren und studierte nach einer Buchhändlerlehre Malerei an der *Accademia di Belle Arti* in Florenz. Heute lebt sie als freie Illustratorin in Hamburg.

Rolf Krenzer

Kindergarten Kunterbunt

Mit Spielen, Liedern und Geschichten durch das Jahr

Mit Bildern von Stefanie Scharnberg

Ellermann

Die Lieder aus diesem Buch sind auch auf CD und MC erhältlich.

Einband und Illustrationen von Stefanie Scharnberg
Satz und Repro: Utesch GmbH, Hamburg
Druck und Bindung: J. P. Himmer, Augsburg
Printed in Germany 2001

ISBN 3-7707-3131-X

Inhalt

November

Dezember

Januar

Februar

März

April

Mai

Juni

Juli

August

Im Kindergarten Kunterbunt

Text: Rolf Krenzer · Musik: Reinhard Horn

Im Kindergarten Kunterbunt,
da geht es wieder rund.
Kommst du vorbei, dann staunst du bloß,
denn hier bei uns ist echt was los!
Drum geht es bei uns rund,
bei uns in Kunterbunt.

Im Kindergarten Kunterbunt,
da geht es wieder rund.
Bei uns wird gern und viel gelacht
und das getan, was Freude macht,
denn das ist sehr gesund
bei uns in Kunterbunt.

Im Kindergarten Kunterbunt,
da geht es wieder rund.
Die ganze Welt ist hier zu Haus,
und jedes Kind sieht anders aus.
Drum geht es bei uns rund,
bei uns in Kunterbunt.

Im Kindergarten Kunterbunt,
da geht es wieder rund.
Wir singen laut das schöne Lied
und feiern alle Feste mit
mal mit, mal ohne Grund
bei uns in Kunterbunt.

September

»Heute fängt der September an!«, sagt Marion. »Und was machen wir dann im Kindergarten?«, fragt Ole. »Was haben wir im letzten Jahr getan?« Ole und Paula wissen es nicht. Voriges Jahr waren sie noch gar nicht im Kindergarten. Aber Max erinnert sich: »Wir haben Obst und Gemüse mitgebracht!« »Wir haben Brot gebacken!«, ruft Anja. »Deshalb spielen die Großen den Kleinen, die jetzt in den Kindergarten kommen, ein Spiel zur Begrüßung vor!«, ruft Max. »Das Spiel vom Brot!« – »Jetzt sind wir die Großen!«, meint Paula und blickt sich stolz um. »Ja«, sagt Frau Müller. »Jetzt im September gibt es für uns viel zu tun!«

Vom Herbstwind und seiner Großmutter

Wenn du es nachts um das Haus herum wehen und heulen hörst, dann fegt der Herbstwind über das Land. Er rüttelt an den Fensterläden und schüttelt die Bäume. Am schlimmsten aber treibt er es mit seiner Großmutter. Ach so, du wusstest noch gar nicht, dass der Herbstwind eine Großmutter hat. Du hast sie noch nie gesehen. Ich leider auch noch nicht, weil man sie nur spätabends und nachts sehen kann. Und dann ist es mir zu windig, so dass ich lieber im Haus bleibe. Aber genau das ist die Zeit, zu der der Herbstwind seine Großmutter so wild über die Felder und durch den Wald jagt, dass sich ihr Haarschopf auflöst. Dann flattert ihr weißes Haar wild um ihren Kopf herum nach allen Seiten.

Am nächsten Morgen aber kannst du ganz deutlich sehen, wo der Herbstwind seine Großmutter durch den Wald gejagt hat. Im Sonnenlicht nämlich kannst du ganz viele weiße zarte Haare an den Bäumen und Sträuchern finden. Das sind Haare seiner Großmutter. Sie hat sie verloren, als der Herbstwind so stürmisch hinter ihr herjagte. Und sie sind an den Sträuchern hängen geblieben. Der Herbstwind behauptet natürlich, dass das alles nicht wahr ist. Er sagt: »Die Elfen haben hier die ganze Nacht herumgetanzt. Und als heute Morgen die Sonne aufging, da sind sie ganz schnell davongehuscht, damit kein Mensch sie sehen kann. Sie sind aber mit ihren hauchdünnen Kleidern an den Sträuchern und Bäumen hängen geblieben. Sie haben sich zwar losgerissen, doch die zarten feinen Haare sind nichts anderes als ganz dünne Fäden aus den Kleidern der Elfen.« Der Herbstwind heult und schreit, er tobt und brüllt: »Ich habe gar keine Großmutter. Deshalb kann sie auch überhaupt keine Haare verloren haben!« Und er rüttelt vor Ärger wieder an den Fensterläden und schüttelt die Bäume. Natürlich wissen die Erwachsenen, dass die seidigen zarten Fäden von winzigen Spinnen stammen, die mit ihnen durch die Luft segeln. Aber das Märchen von der alten Großmutter des Herbstwindes ist eigentlich genauso schön. Deshalb werden die warmen und sonnigen Tage im September, an denen man die silbernen und seidigen Haare des alten Weibes sehen kann, auch »Altweibersommer« genannt.

Erntelied vom Erntewagen

Text: Rolf Krenzer · Musik: Reinhard Horn

Refrain:

2. Kraut, Salat und viel Gemüse,
Pfirsiche, so zarte, süße.
Kürbisse, dick und schwer!
Tragt sie vorsichtig,
ganz vorsichtig
zu dem Erntewagen hierher.

3. Pflaumen und noch Mirabellen
Trauben auch, die blauen, hellen,
Getreide, das beste Korn.
Bringt es vorsichtig,
ganz vorsichtig
zu dem Erntewagen nach vorn.

4. Nicht vergessen Nüsse, Beeren,
grüne Bohnen, Erbsen, Möhren.
Brot und auch den Blumenstrauß.
Schmückt nun vorsichtig,
ganz vorsichtig
unsern Erntewagen noch aus.

Woher kommt das Brot?

Wir stehen im Kreis um den Bäcker herum. Der Bäcker hält ein Brot in beiden Händen.

Wir fragen:
Herr Bäcker, Herr Bäcker, woher kommt dein Brot?
Der Bäcker antwortet:

Ich habe das Brot aus Mehl gemacht.
Der Müller hat mir das Mehl gebracht.

Der Müller kommt mit einem Mehlsack und stellt sich neben den Bäcker.

Wir fragen:
Herr Müller, Herr Müller, woher kommt dein Mehl?

Der Müller antwortet:
Aus Körnern wurde das Mehl gemacht.
Der Bauer hat mir die Körner gebracht.

Nun kommen die Bäuerin und der Bauer noch dazu. Der Bauer trägt einen Sack mit Saatgetreide.

Wir fragen:
Herr Bauer, Frau Bäuerin, woher kommt das Korn?

Der Bauer streut die Körner aus und sagt:
Ich habe Körner ausgesät,
damit im Frühjahr die Saat aufgeht.

Viele Kinder kommen mitten in den Kreis und spielen das Getreide, das langsam immer höher wächst.

Die Bäuerin erzählt dazu:
Und als das Korn reif war nach Wochen und Tagen, da hat es viele Körner getragen.

Die Kinder gehen zurück in den Kreis. Bäuerin und Bauer tragen einen Sack zum Müller.

Der Bauer sagt:
Wir haben die Körner zum Müller gebracht.
Die Bäuerin fügt hinzu:
Der hat feines Mehl daraus gemacht.

Bäuerin und Bauer, Müller und Bäcker treten in die Mitte.

Bäuerin und Bauer sagen:
Vom Korn zum Mehl!
Müller und Bäcker:

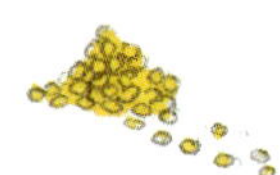

Vom Mehl zum Brot!
Dann gibt es keine Hungersnot.

Zum Schluss geht der Bäcker im Kreis herum und bricht Stücke von dem Brot ab und verteilt sie. Dazu sagt er:
Herbei, herbei, wer Hunger hat!
Wir antworten:

Wir nehmen und teilen
und jeder wird satt!

Wir verteilen das Brot weiter. Einer bricht ein Stück ab und reicht dann das übrige Brot weiter an seinen Nachbarn. Das geht so lange, bis jeder etwas hat.

Da staunst du!

Sonja bringt zusammen mit ihrer Mutter einen schweren Korb mit in den Kindergarten. »Was schleppt ihr denn da?«, fragt Frau Bahl. Da packt Sonja den Korb aus: zwei Äpfel, vier Birnen, zwei Kartoffeln, fünf Tomaten, einen dicken Kohlkopf, eine Tüte Mirabellen, noch eine Tüte Pflaumen und eine riesige Möhre. Aber der Korb ist noch immer nicht leer. Sonja holt noch zwei dicke Zwiebeln und einen Blumenkohl heraus. »Wir wollten doch alles, was wir jetzt ernten können, auf einen großen Tisch stellen!«, sagt Sonja und blickt Frau Bahl erwartungsvoll an. »Junge, Junge!«, staunt Frau Bahl. »Mädchen, Mädchen!«, lacht Sonja und stemmt beide Hände in ihre Hüften. »Und alles aus unserem Garten!«, sagt sie. »Da staunst du!«

Was wir ernten
Ein Spiel

Wir sitzen im Kreis. Einer sagt und zeigt, was er geerntet hat und in den Erntekorb legen will. Er zeigt mit beiden Händen einen dicken Kürbis und sagt: »Ich lege einen Kürbis in den Erntekorb hinein!« Nun geht es reihum weiter. Der nächste Spieler wiederholt und zeigt das, was der erste genannt hat, und fügt etwas Neues hinzu, was auch in den Erntekorb soll: »Einen Kürbis. Und ich lege eine Birne in den Erntekorb hinein.« Der dritte Spieler hat es schon schwerer: »Einen Kürbis, eine Birne. Und ich lege einen Kohlkopf in den Erntekorb hinein.« So geht es immer weiter. Macht einer einen Fehler, darf er wieder neu beginnen.
Es macht auch Spaß, wenn wir alle gemeinsam wiederholen, was bereits in dem Erntekorb liegt.

Den Erntekorb füllen
Ein Spiel mit dem Farb- oder Zahlenwürfel

Wir schneiden aus Werbeblättern, Katalogen, alten Bildern usw. alles, was wir ernten können, aus. Wir können auch alles selbst zeichnen und farbig ausmalen. Dann zeichnen wir einen großen Korb und legen ihn in die Mitte auf den Tisch. Jeder erhält nun vier Früchte. Nun wird mit dem Farbenwürfel reihum gewürfelt. Wer ROT gewürfelt hat, legt eine Frucht in den Korb. Wer seine Früchte zuerst alle im Korb hat, ist Sieger. Beim Zahlenwürfel machen wir aus, dass der, der eine 1 würfelt, eine Frucht in den Korb legen darf.

Erntedank im Kindergarten

Am Sonntag ist Erntedankfest. Wir wollen im Kindergarten auch ein Erntedankfest feiern. Deshalb dürfen alle etwas frisch Geerntetes mit in den Kindergarten bringen. »Wir spielen ein Spiel!«, sagt Jutta, die Erzieherin. »Sylvia und Jörg, ihr spielt das Gartentor!«
Beide Kinder stehen sich gegenüber und halten sich an den Händen. Sie sagen: »Wir sind das Gartentor!« Dann gehen sie auseinander, so dass sich das Gartentor richtig öffnet. Rik und Jens dürfen Apfelbäume sein. Jeder hält einen dicken Apfel in seinen ausgestreckten Händen. Die Arme sind die Äste des Apfelbaumes. »Wir sind zwei Apfelbäume und stehen im Garten!«, rufen die beiden Jungen. Esther und Carola dürfen Birnbäume sein. Birnbäume, die richtige Birnen tragen. »Wir sind zwei Birnbäume und stehen im Garten!«, sagen sie und müssen dabei ein bisschen lachen. Es gibt noch viele andere Bäume: Mirabellen, Pflaumen und Pfirsiche. Da können viele Kinder mitmachen. Sogar einen Rebstock mit Weintrauben gibt es. Laura, Dirk und Achmed haben die Arme umeinander gelegt. Jeder hat eine dicke Traube in der Hand. Nur Petra ist ein bisschen traurig. Sie würde so gern ein Kirschbaum sein, denn Kirschen isst sie am allerliebsten. Aber Kirschen gibt es jetzt im Herbst nicht mehr. »Du darfst der Wind sein!«, sagt Jutta zu ihr. Da ist Petra gleich wieder froh. Sie bläst die Backen auf, so dick sie nur kann, und pustet die Bäume an. Sie rennt zwischen den Bäumen hin und her, so dass sie richtig geschüttelt werden. Kristin darf die Sonne sein. Sie spreizt ihre Finger weit um ihren Kopf, so dass sie fast wie richtige Sonnenstrahlen aussehen. »Ich bin die Sonne und scheine auf die Bäume!«, sagt sie stolz. Nun brauchen wir noch den Regen. Karlson darf Juttas Regenschirm aufspannen. Er läuft zwischen den Bäumen herum und schreit: »Ich bin der Regen und spritze euch nass!« Schade, dass er nicht richtig spritzen darf. Dann kommen Aywana und Bert in den Garten. Jutta hat ihnen einen Korb mitgegeben. »Wir pflücken das Obst!«, sagen sie. Nun gehen sie von einem Baum zum andern. Sie pflücken Äpfel und Pfirsiche, Birnen und Mirabellen. Das ganze Obst, das an den Bäumen hängt. Sie legen es behutsam in den Korb und ganz obendrauf die drei dicken Trauben. Weil Jutta viel älter ist als alle Kinder im Kindergarten, spielt sie die Mutter

von Aywana und Bert. Sie bringt eine große Schüssel und viele Messerchen. »Bringt alles, was ihr im Garten gepflückt habt!«, ruft sie. »Wir machen einen Obstsalat!« Schon tragen Aywana und Bert den Korb zu ihr hin. Nun wollen auch die anderen Kinder keine Bäume mehr sein. Sie wollen alle helfen. Und der Wind ist kein Wind mehr, die Sonne keine Sonne und Karlson klappt auch den großen Regenschirm zu. Jeder greift nach einem Messer, denn alles Obst soll geschält und in kleine Stücke geschnitten werden. Natürlich hat Jutta auch an süße Sahne und an Zucker für den Obstsalat gedacht. »Es war wie in einem richtigen Garten!«, meint Rik. »So viele Obstbäume!« »Wir müssen allen dankbar sein!«, antwortet Jutta. »Auch der Sonne!«, ruft Kristin. »Ohne Sonne kann doch nichts wachsen!« – »Und ohne Regen auch nicht!«, fügt Karlson hinzu. »Und den Wind brauchen wir auch!«, lacht Jutta und nickt Petra zu.+ Als der Obstsalat dann fertig ist, feiern sie ein richtiges Fest.

+ und Gott danken wir, dass er alles erschaffen hat, die ganze Welt

Rate, rate, wer ich bin.
Rätselkönig, -königin

Wenn wir im Stuhlkreis sitzen, wird der Rätselkönig oder die Rätselkönigin ermittelt.
Ein einziges Rätsel soll geraten werden. Wir müssen zuhören, bis das Rätsel zu Ende ist. Dann erst dürfen wir die Lösung rufen. Wer zuerst richtig geraten hat, ist für heute der Rätselkönig oder die Rätselkönigin. Der Rätselkönig erhält einen kleinen Wanderpreis: ein besonders schönes Auto, mit dem er den ganzen Tag spielen darf. Wenn der Kindergarten aus ist, gibt er es wieder ab. Aber morgen wird ein neuer Rätselkönig ermittelt. Wird es eine Rätselkönigin, dann bekommt sie ein besonders hübsches Püppchen für den ganzen Tag im Kindergarten.

Wer will mich zum Essen haben,
muss mich aus der Erde graben,
muss mich waschen, muss mich pellen,
mir die braune Haut abschälen,
muss mich kochen ... aber dann
isst mich gerne jedermann.
Aus mir, und das ist kein Witz,
macht man Chips und auch Pommes frites.

Kartoffeln

Innen rot
und außen rot.
Ich schmecke gut auf Butterbrot.
Du kannst mich in Scheiben schneiden
und daraus Salat bereiten.
Rotes Fruchtfleisch, gelbe Kerne.
Jeder, jeder isst mich gerne.

Tomate

Am Baum im Garten kannst du mich
pflücken.
Du isst mich ganz und in kleinen Stücken.
Innendrin hab ich braune Kerne.
Alle essen mich sehr gerne.
Mein Fruchtfleisch ist saftig und oft sehr
weich.
Sei vorsichtig, sonst bespritzt du dich gleich!

Birne

Meine Haut ist weich und zart,
innendrin der Stein ist hart.
Doch mein zartes, gelbes Fleisch,
das ist saftig, süß und weich.
Alle Damen, alle Herr'n,
alle essen sie mich gern.

Pfirsich

Ratet, Kinder, wer ich bin,
hänge hoch im Baume drin,
hab rote Bäckchen,
'nen Stiel hab ich auch
und einen dicken, runden Bauch.

Apfel

Im Herbst, da geht der Rummel los

Text: Rolf Krenzer · Musik: Reinhard Horn

Refrain:

F C G7
2. Au - to - scoo - ter Diens - tag, ja, ja, ja am
C F C
Diens - tag. Rie - sen - rad am Mon - tag, da
G7 C
ist viel - leicht was los.
F C G7
3. Geis - ter - bahn am Mitt - woch, ja, ja, ja am
Au - to - scoo - ter Diens - tag, ja, ja, ja am
C F C
Mitt - woch! Rie - sen - rad am Mon - tag, da
Diens - tag!
G7 C
ist viel - leicht was los.

Refrain:
Im Herbst, da geht der Rummel los,

Geisterbahn am Mittwoch,
ja, ja, ja, am Mittwoch,
Geisterbahn am Mittwoch,
da ist vielleicht was los!

Riesenrad am Montag, ja, ja, ja, am Montag,
Autoscooter Dienstag, ja, ja, ja, am Dienstag!
Geisterbahn am Mittwoch,
ja, ja, ja, am Mittwoch!
Da ist vielleicht was los!

Refrain:
Im Herbst, da geht der Rummel los,

Donnerstag ist Breakdance, ja, ja, ja, dann
Breakdance,
Donnerstag dann Breakdance,
da ist vielleicht was los!

Riesenrad am Montag, ja, ja, ja, am Montag,
Autoscooter Dienstag, ja, ja, ja, am Dienstag!
Geisterbahn am Mittwoch,
ja, ja, ja, am Mittwoch!
Donnerstag dann Breakdance,
ja, ja, ja, dann Breakdance!
Da ist vielleicht was los!

Refrain:
Im Herbst, da geht der Rummel los,

Schiffschaukel am Freitag, ja, ja, ja, am Freitag,
Schiffschaukel am Freitag,
da ist vielleicht was los!

Riesenrad am Montag, ja, ja, ja, am Montag,
Autoscooter Dienstag, ja, ja, ja, am Dienstag!
Geisterbahn am Mittwoch,
ja, ja, ja, am Mittwoch!
Donnerstag dann Breakdance, ja, ja, ja, dann
Breakdance!
Schiffschaukel am Freitag, ja, ja, ja, am Freitag!
Da ist vielleicht was los!

Refrain:
Im Herbst, da geht der Rummel los,

Wagenzug am Samstag, ja, ja, ja, am Samstag,
Wagenzug am Samstag,
da ist vielleicht was los!

Riesenrad am Montag, ja, ja, ja, am Montag,
Autoscooter Dienstag, ja, ja, ja, am Dienstag!
Geisterbahn am Mittwoch, ja, ja, ja, am
Mittwoch!
Donnerstag dann Breakdance, ja, ja, ja, dann
Breakdance!
Schiffschaukel am Freitag, ja, ja, ja, am Freitag!
Wagenzug am Samstag, ja, ja, ja, am Samstag!
Da ist vielleicht was los!

Refrain:
Im Herbst, da geht der Rummel los,

Feuerwerk am Sonntag, ja, ja, ja, am Sonntag,
Feuerwerk am Sonntag,
da ist vielleicht was los!

Riesenrad am Montag, ja, ja, ja, am Montag,
Autoscooter Dienstag, ja, ja, ja, am Dienstag!
Geisterbahn am Mittwoch, ja, ja, ja, am Mittwoch!
Donnerstag dann Breakdance, ja, ja, ja, dann Breakdance!
Schiffschaukel am Freitag, ja, ja, ja, am Freitag!
Wagenzug am Samstag, ja, ja, ja, am Samstag!
Feuerwerk am Sonntag, ja, ja, ja, am Sonntag!
Da ist vielleicht was los!

Refrain:
Im Herbst, da geht der Rummel los,

Rummel los, Rummel los.
Im Herbst, da fragt ein jeder bloß:
Wann geht es endlich los?

Spielvorschlag
Was man auf dem Rummel alles erleben kann, lässt sich zu dem Lied spielen. Wir zeigen mit Händen und Füßen, wie wir mit dem Riesenrad fahren, wir lenken die Autoscooter, werden ganz gespenstisch auf der Geisterbahn, toben uns beim Breakdance aus und schaukeln wild auf der Schiffschaukel. Zum Wagenzug hängen wir uns als Festwagen hintereinander und springen zum Schluss beim Feuerwerk in die Luft.
Im Text des Liedes werden nur einige Vorschläge gemacht. Wir können uns auch etwas ganz anderes ausdenken, zum Beispiel Berg-und-Tal-Bahn Donnerstag, Hau den Lukas Freitag, Würstchen essen Samstag, ausschlafen am Sonntag.
Von Strophe zu Strophe wird das Lied ein Stück länger. Und von Strophe zu Strophe wird es wilder und macht mehr Spaß.

Oktober

»Können wir jetzt endlich unsere Drachen steigen lassen?«, fragt Max. Frau Müller nickt. »Es gibt so viel zu tun, dass wir uns beeilen müssen, nichts zu vergessen!« – »Also Drachen steigen lassen!«, wiederholt Max. »Wir können auch bunte Blätter sammeln!«, meint Susi. »Und Beeren im Wald!« Frau Müller steht auf und geht zur großen Glastür, die nach draußen führt. »Seht doch nur!«, sagt sie. »Die Sonne scheint so hell wie im Sommer!« – »Heute Morgen haben wir kaum was gesehen, als meine Mutti mich gebracht hat!«, ruft Anne. »Bei uns war auch Nebel!«, sagt Tim. Er schaut zum Fenster hinaus. »Aber jetzt ist er weg!« – »Und es ist fast zu warm!«, meint Silke und öffnet die Tür, schließt sie aber ganz schnell wieder. »Das war der Herbstwind!«, lacht Frau Müller. »Ganz so warm wie im Sommer ist es nun doch nicht mehr. Und abends ist es schon ganz schön kühl!« – »Morgens auch!«, ergänzt Tommy. Er hat seit einiger Zeit bereits seinen Anorak an, wenn er morgens kommt. »Und die Vögel verlassen uns jetzt auch und fliegen in den Süden«, sagt Frau Müller. Und ihre Stimme klingt ein bisschen traurig. »Seht, da sammeln sich schon wieder welche!« Sie zeigt zum gegenüberliegenden Dach. »Aber sie kommen ja wieder!«, sagt Achmed leise und drückt sich an Frau Müller. Frau Müller legt den Arm um ihn und nickt. »Ja, nächstes Jahr im Frühling!«, sagt sie.

Der Herbstwind weht durch die Straßen

Der Herbstwind weht durch die Straßen.
Hui, hörst du ihn pfeifen und blasen.
Rums!, bläst er um den Blumentopf
und, hui, Herrn Schmidt den Hut vom Kopf.

Ein Fensterladen klappert, schlägt,
wenn er durch unsre Straße fegt.
Hui, hui, lacht er und pfeift dazu.
Rumbum, da schlägt ein Fenster zu.

Jetzt will er's meinem Drachen zeigen.
Er lässt ihn hoch zum Himmel steigen.
Er schüttelt ihn und macht sich bald
dann auf den Weg zum nahen Wald.

Was ist denn mit dem Baum geschehn?
Könnt ihr noch grüne Blätter sehn?
Sie sind jetzt gelb und rot und braun.
Ihr braucht nur hinzuschaun!

Die Blätter schaukeln hin und her.
Der Herbstwind pustet immer mehr.
Was ist denn mit den Blättern los?
Sie fallen in das Moos.

Wir laufen hier im Kreis herum.
Der Herbstwind pustet uns nicht um.
Wir laufen durch das weiche Gras
und haben unsern Spaß.

Herr Hoffmann und sein Hut

An einem stürmischen Sonntag im Herbst gingen Herr Hoffmann und seine Frau spazieren. »Frische Luft tut immer gut!«, hatte Herr Hoffmann gesagt. So war es trotz des Windes ein schöner Spaziergang geworden. Als sie aber zurückkamen und kurz vor ihrem Gartentürchen waren, riss ein besonders starker Windstoß Herrn Hoffmann den Hut vom Kopf. »Haltet ihn! Haltet ihn!«, rief Herr Hoffmann und rannte hinter seinem Hut her. Der Hut wurde von dem Wind über den Zaun in Hoffmanns Garten geblasen. »Jetzt haben wir dich!«, rief Frau Hoffmann. Sie öffnete schnell die Gartentür und wollte ihm hinterherlaufen. Doch der Hut flog schon weiter. So liefen nun Herr Hoffmann und seine Frau hinter dem Hut her. Fast hätte Herr Hoffmann ihn erwischt, da war er schon wieder weg. Sie rannten und rannten, aber der Hut war schneller.

Zuletzt sahen sie ihn überhaupt nicht mehr. Sie suchten überall im Garten, liefen sogar bis zum nahen Wald, doch der Hut blieb verschwunden. »Dann muss ich mir eben einen neuen Hut kaufen!«, meinte Herr Hoffmann und gab endlich die Suche auf. »Ja!« Frau Hoffmann nickte. »Du hättest schon lange einen neuen Hut gebraucht!« Aber seltsam kam ihnen beiden die Sache doch vor. Der Herbst ging vorbei und der Winter kam. Nach Weihnachten kam Neujahr, nach Neujahr Fastnacht. Endlich zog der Frühling in das Land. Dann war es auf einmal bereits so warm, dass Hoffmanns im Garten ihren Kaffee trinken konnten. Plötzlich sprang Frau Hoffmann auf und zeigte auf den großen Baum neben dem Haus. »Schau doch mal, Herbert!«, rief sie. »Schau mal zu dem rechten dritten Ast!« Herr Hoffmann schaute und entdeckte ein Vogelnest. »In dem Baum nisten doch oft Vögel«, meinte er und fand überhaupt nichts dabei. Aber Frau Hoffmann ließ nicht locker. »Schau doch einmal ganz genau!«, rief sie. Da erkannte Herr Hoffmann, dass das Vogelnest gar kein richtiges Vogelnest war. Es war sein Hut, der ihm letzten Herbst fortgeflogen war. Ein Vogelpärchen hatte den Hut als Nest verwendet. Jetzt zog es dort seine Jungen auf. Herr Hoffmann lachte, dass ihm der Bauch wackelte. Dann lief er ins Haus hinein und holte seinen Fotoapparat.

♫ Wenn wir durch den Nebel gehn

Text: Rolf Krenzer · Musik: Reinhard Horn

2. Wenn wir durch den Nebel gehn,
kann man kaum noch etwas sehn.
Und ich fühle mich allein.
Sag, wo magst du denn nur sein?

3. Wenn wir durch den Nebel gehn,
kann man kaum noch etwas sehn,
bis ich dann auf einmal spür:
Da geht jemand neben mir!

4. Wenn wir durch den Nebel gehn,
kann man kaum noch etwas sehn.
Gebe ich dir meine Hand,
hast du mich schon gleich erkannt.

5. Wird der Nebel dann vergehn,
ist die Welt gleich wunderschön.
Du und ich im Sonnenschein!
Sag, was kann denn schöner sein?

Spielvorschlag
Wir stehen im Kreis, sprechen das Gedicht zusammen und gehen mit geschlossenen Augen ganz behutsam, damit wir keinen Mitspieler umstoßen, in den Kreis hinein. Das ist zunächst vielleicht ein bisschen ungewohnt, sogar unheimlich. Wenn wir aber dann einen anderen im Kreis berühren, ihm die Hand geben und seine Hand drücken, dann fühlen wir uns plötzlich viel sicherer. Wir können dann die zweite Hand einem anderen geben.

Wessen Hände mögen das nur sein? Es wird spannender, wenn wir wirklich nicht die Augen öffnen (auch nicht der Spielleiter!). Erst zum Schluss öffnen wir die Augen und sehen uns an. Da gibt es manche Überraschung.

Eine kleine Spinne

Als Tommy die Tür der Kammer öffnet, fällt ihm eine kleine Spinne vor die Füße. Fast hätte er sie mit seinem Schuh totgetreten. Tommy bückt sich und hebt die Spinne vorsichtig auf. Ganz ruhig sitzt sie nun in seiner Hand. Ob sie Angst hat? Tommy betrachtet staunend die langen Beine. Acht Beine zählt er. Sie sehen so zerbrechlich aus. Wo mag die Spinne wohl hergekommen sein? Da sieht Tommy über der Tür ein Spinnennetz. Als er die Tür geöffnet hat, ist es sicher zerrissen. Nun hängen nur noch einige lange Fäden herunter. All die feinen Fäden hat die Spinne gewebt. Sie hat sich ein richtig kunstvolles Fangnetz gebaut. Tommy sieht auch zwei vertrocknete Flügel einer Fliege. Bestimmt ist sie in das Netz geflogen und dort hängen geblieben. Dann hat die Spinne sie ausgesaugt. Tommy ist so mit der Spinne beschäftigt, dass er Frau Geibel gar nicht bemerkt hat, die in die Kammer gekommen ist.

»Hast du den Bilderrahmen gefunden?«, fragt sie. »Nein!«, antwortet Tommy und hält Frau Geibel die kleine Spinne hin. »Oh!«, sagt Frau Geibel. »Die müssen wir den andern zeigen!« Tommy läuft hinter ihr her und passt gut auf, dass er das Spinnchen nicht verliert.

»Die könnte ich nicht anfassen!«, meint Ole.

»Da ist doch nichts dabei!«, lacht Tommy und passt ganz gut auf, dass ihm das Spinnchen nicht verloren geht. »Sie frisst viel Ungeziefer!«, erklärt Frau Geibel und setzt die kleine Spinne ganz behutsam in Annas geöffnete Hand. Anna hält ganz still. »Wir haben ein großes Spinnennetz im Schuppen!«, sagt sie leise. »Das gucke ich mir immer an. Aber ich sage nichts davon meiner Mutter. Sonst macht sie es auf einmal weg!«

»Die Spinne wartet ganz still in ihrem Netz, bis eine Fliege eingefangen ist«, erzählt Frau Geibel weiter. »Sie stürzt sich auf das Tier und frisst es auf. Das Loch in ihrem Netz flickt sie schnell wieder. Wir sind den Spinnen dankbar. Wie viel kleines Ungeziefer würde uns plagen, wenn es keine Spinnen gäbe.« – »Wenn es Winter wird, kriegt sie keine Fliegen mehr!«, meint Anna nachdenklich. »Ja, so ist das.« Frau Geibel nickt. Dann sagt sie: »Bringt sie jetzt wieder zurück!« Da gehen Anna und Tommy wieder zu der Kammer. Ganz vorsichtig setzt Anna die kleine Spinne wieder auf den Boden. Und gebannt schauen ihr die beiden Kinder zu. Sie läuft schnell davon. Da klettert sie schon an der Wand hoch. »Bestimmt fängt sie gleich an und webt ein neues Netz!«, meint Anna. Tommy ist aber bereits dabei, in dem Regal nach dem Bilderrahmen zu suchen, den er hier holen sollte.

Oktober-Rätsel

Wenn wir euch verlassen,
dann steht der Winter vor der Tür.
Und kommen wir zu euch zurück,
ist auch der Frühling hier.

Die Zugvögel

Grün, grün, grün sind unsre Kleider
und wir wiegen uns im Wind.
Und wir schenken kühlen Schatten,
wenn die Sonne brennt, mein Kind.

Gelb und rot sind dann die Kleider,
wenn's mit uns zu Ende geht.
Und wir fallen auf die Erde,
wenn der kalte Herbstwind weht.

Nächstes Frühjahr, kannst du sehn,
sind wir wieder grün und schön.

Die Blätter am Baum

Halt mich fest am Seil, mein Kind,
denn dann steige ich im Wind.
Steige hoch, so hoch hinaus!
Lass nicht los!
Sonst ist es aus.

Der Drachen

♫ Das Drachenlied

Ich möchte ein Drachen sein

Text: Rolf Krenzer · Musik: Reinhard Horn

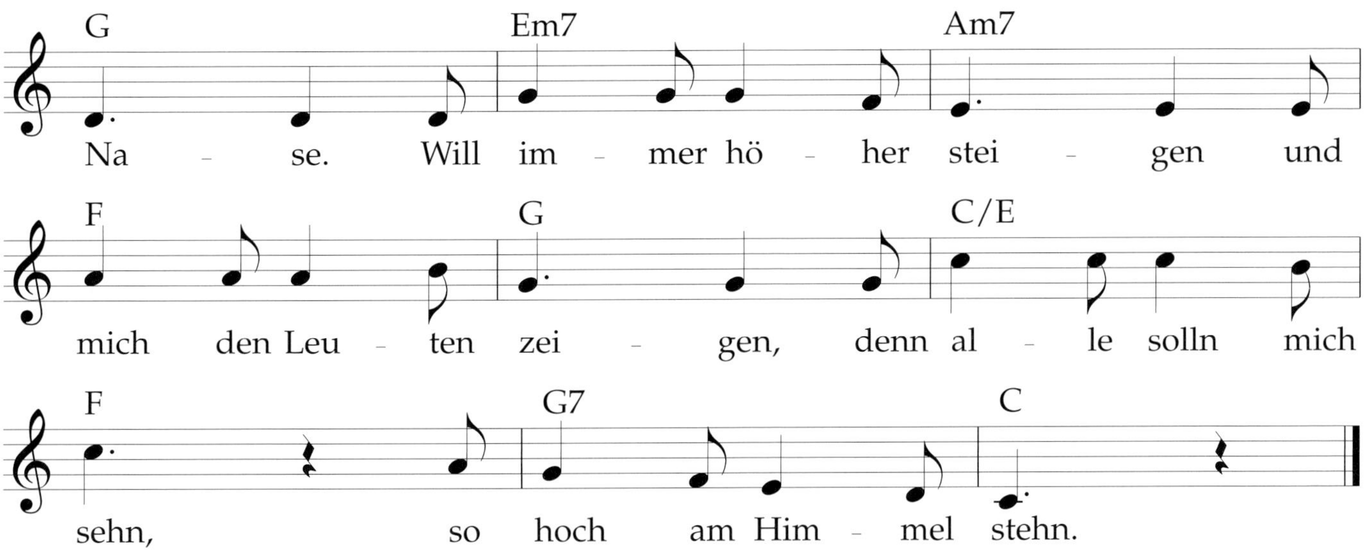

2. Willst du auch ein Drachen sein,
dann lade ich dich zu mir ein.
Versuch es doch!
Steig einfach zu mir hoch!
Du schaffst es nicht, meinst du.
Dann schau von unten zu.

3. Der Wind lädt mich ein zum Tanz.
Er packt meinen Drachenschwanz.
He, Wind, den Schwanz
lass bitte heil und ganz!
Er ist nur aus Papier.
Komm, Wind, sei lieb zu mir!

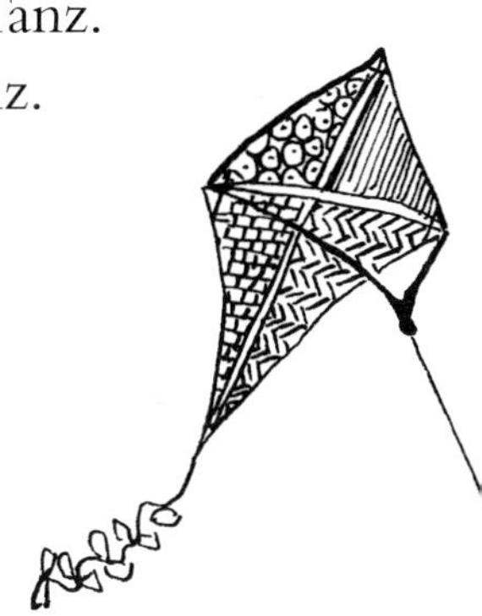

Spielvorschlag

Ein Kind stellt mit weit ausgebreiteten Armen den Drachen dar, mehrere andere Kinder den Wind. Je stärker der Wind auf den Drachen zugeht und bläst, umso weiter spreizt der Drachen seine Arme, umso höher steht er auf seinen Zehenspitzen.
Zur zweiten Strophe kommen weitere Spieler hinzu. Sie hängen sich hinten an den Drachen und stellen seinen Schwanz dar. Dabei müssen sie sich mit ihren Bewegungen den Bewegungen des Drachens anpassen.
Nun versucht der Wind, den Drachenschwanz zu packen. Doch der Drachen windet und dreht sich, so dass der Wind ihn nicht erwischt und die Spieler hinter ihm nicht packen kann. Der Drachen versucht, die Spieler hinter sich zu beschützen.
Wenn der Wind alle Spieler, die den Drachenschwanz gespielt haben, erwischt hat, können die Rollen getauscht werden.

November

»Heute können wir nicht raus!«, sagt Frau Müller. »Müssen wir wieder den ganzen Tag drinbleiben wie gestern und vorgestern?«, mault Tommy. »Sieh doch selbst aus dem Fenster!«, antwortet Tonia. Es regnet und regnet. Dort, wo die Kinder ihre Mäntel und Mützen aufgehängt haben, sind große Pfützen. »Das ist nun mal oft im November so!«, meint Andrea, die Praktikantin, und schaltet das Licht an. »Und morgens ist es noch richtig dunkel!« – »Jetzt werden die Tage immer kürzer!«, sagt Frau Müller. »Da ist es viel schneller Abend!«, stimmt Ole zu. »Da kann man doch auch früher fernsehen!«, meint Verena zögernd. »Wir halten Dämmerstunde!«, erzählt Nicole leise und wundert sich, dass keiner weiß, was das ist. »Wir erzählen uns, was wir erlebt haben. Und meine Mutti weiß immer eine Geschichte. Manchmal singen wir auch zusammen, bis es dunkel ist. Dann knipsen wir erst das Licht an.« – »Wir sehen dann fern!«, sagt Florian bestimmt. »Das ist noch schöner!« – »Wir singen nie zusammen!«, flüstert Anne. »Gut, dass wir im Kindergarten immer singen!«, sagt Frau Müller und fordert alle auf, sich rundherum um sie in den Kreis zu setzen. Andrea holt ihre Gitarre und setzt sich dazu. »Wir singen unser Laternenlied«, sagt Frau Müller, »denn bald ist Martinstag!« Der November ist also doch schön, weil jetzt alle Laternen für den Martinszug basteln. »Es ist der schönste Monat im ganzen Jahr!«, ruft Silke und kümmert sich nicht darum, dass keiner zu ihr hält. »Im November habe ich Geburtstag!«, schreit sie so laut, dass es alle hören müssen.
Da werden die andern still. »Ich auch!«, sagt Andy dann leise. »Und ich!«, fügt Ole hinzu. »Dann ist der November also doch ganz schön!«, meint Andrea. »Ja, wenn man Geburtstag hat!«, ruft Marion und alle geben ihr lachend Recht.

Er hat es später wieder gesagt

Ganz ärgerlich und böse kommt Jens nach Hause. Er ist so böse auf Torsten, dass er nie mehr mit ihm spielen will. Niemals wieder. »Aber Torsten ist doch dein bester Freund!«, sagt die Mutter. »Und Freunde müssen sich auch versöhnen können!« Es dauert lange, bis sie Jens dazu bringt, dass er erzählt, was passiert ist. »Der Torsten ist nicht mehr mein Freund!«, sagt er immer wieder. Und dann erfährt die Mutter, was geschehen ist. »In der Pause hat Torsten zu Hassan ›Knoblauchstinker‹ gesagt. Und: ›Ausländer raus!‹ Alle haben es gehört. Und ein paar haben sogar mitgeschrien. Und Hassan ist sehr böse geworden, weil Torsten damit angefangen hat. Frau Hellwig hat es auch gehört und ist genauso böse wie Hassan geworden. ›Die Pause ist zu Ende!‹, hat sie gerufen. Dann mussten alle gleich hineingehen, obwohl die Pause gerade erst angefangen hatte. Frau Hellwig hat den Arm um Hassan gelegt und ihn beruhigt. Ellen wohnt ganz in der Nähe von Hassan. Sie hat gerufen, dass sie sich mächtig über Torsten und die andern ärgert, weil sie so gemeine Sachen zu Hassan sagen. ›Ich bin kein Stinker!‹, hat Hassan gesagt und dabei geweint. ›Aber ein Ausländer bist du doch!‹, hat Torsten gerufen. Da hat Frau Hellwig so laut ›Ruhe!‹ gebrüllt, dass alle erschrocken zusammengezuckt sind.« Hassan ist auch Jens' Freund. Sie spielen oft zusammen. Besonders dann, wenn in der Gruppe mit den vielen Bausteinen große Hochhäuser, Flughäfen, Tankstellen und ganze Städte gebaut werden sollen. Er kann Torsten nicht verstehen. Denn sonst spielt Torsten immer mit. Jens hat gedacht, Torsten wäre auch Hassans Freund. »Mein großer Bruder sagt das auch!«, hat Torsten sich verteidigt. »Und mein Vater!«, hat der Markus gerufen. Frau Hellwig hat dann erklärt, dass manche Erwachsene und große Brüder manchmal auch etwas falsch machen. Sie hat aber auch gesagt, dass sie nicht glaubt, dass Torstens Vater das wirklich so gesagt hat. Und wenn morgen früh Torstens Mutter und Markus' Mutter die Kinder zum Kindergarten bringen, will sie mit ihnen darüber sprechen, was heute passiert ist. Da ist Torsten noch wütender geworden. Er hat sich schweigend alles angehört.

Wie Markus. Und als Frau Hellwig ihn aufforderte, er solle dem Hassan die Hand geben und nicht mehr böse zu ihm sein, da hat er es getan. Aber er hat Hassan nicht angesehen. Er hat ganz wütend auf den Boden geguckt. Aber später, als sie nach Hause gingen, da hat er es wieder gesagt. Immer wieder! Er hat so laut geschrien, dass es jeder auf der Straße hören konnte. So! Und deshalb ist Torsten nicht mehr sein Freund. Und deshalb will Jens nicht mehr mit ihm spielen. Nie mehr! Aber er weint, weil ihm das so wehtut.

Guten Tag! – Gülle, Gülle!

Begrüßungs- und Morgenlied

Text: Rolf Krenzer · Musik: Reinhard Horn

2. Guten Tag! Gülle, Gülle!
Guten Tag! Gülle, Gülle!
Schau, wie froh dich jeder grüßt.
Guten Tag! Gülle, Gülle!
Guten Tag! Gülle, Gülle,
weil heut dein Geburtstag ist.

3. Guten Tag! Gülle, Gülle!
Guten Tag! Gülle, Gülle!
Gratuliert dir jeder heut.
Guten Tag! Gülle, Gülle!
Guten Tag! Gülle, Gülle,
weil er sich heut mit dir freut.

4. Guten Tag! Gülle, Gülle!
Guten Tag! Gülle, Gülle!
Bonjour! Jambo! How are you?
Bist du hier, Gülle, Gülle,
sag ich dir Gülle, Gülle,
dann gehörst du auch dazu!

Halloween

»In Amerika feiern sie Ende Oktober Halloween!«, erzählt Frau Müller. »Die Kinder schneiden von einem dicken Kürbis die Kappe ab und höhlen ihn aus.« – »Das können wir auch!«, rufen die Kinder und bringen am nächsten Morgen dicke gelbe Kürbisse mit. Frau Müller und Annette helfen, sie auszuhöhlen. Und dann schneiden sie in die dicken Kürbisköpfe zwei Augen, die Nase und den Mund. Nun stellt Frau Müller eine Kerze hinein und zündet sie an. Zum Schluss kommt die Kappe wieder obendrauf. »Jetzt zieht die Vorhänge zu!«, ruft Frau Müller. Karl und Max sind bereits dabei. Als es im Zimmer dämmrig wird, sehen die dicken leuchtenden Kürbisköpfe schön und ein bisschen unheimlich aus. »Jetzt sind wir Halloween-Gespenster!«, flüstert Frau Müller. Da nehmen alle ihre Kürbisköpfe in beide Hände und gehen in einer langen Reihe hinter Frau Müller her. Und dann singen sie das Geisterlied.

»Halloween! Seid bereit!
Halloween – Gespensterzeit!
Geisterrufe immerzu:
Hohoho, huhuhu!
Wenn ihr euch versteckt,
ihr werdet doch entdeckt!
Hohoho, huhuhu,
sie finden dich im Nu.«

Als später die Vorhänge wieder aufgezogen sind, meint Max: »Wir könnten doch auch an einem Abend mit den Geisterköpfen losziehen!« – »So machen sie es in Amerika!«, sagt Frau Müller. »Aber der Oktober ist doch schon vorbei!« Doch die Kinder betteln so lange, bis sie beschließen, dass sie sich am Freitagabend um halb sieben am Kindergarten treffen wollen. Aber die Eltern sollen mitkommen, weil es dann schon richtig dunkel ist. Am Freitagabend zieht ein langer Gespensterzug durch die Dunkelheit. Vor jeder Haustür hält er an. Dann singen die Geister ihr unheimliches Lied. Die Leute lachen und schenken ihnen Bonbons und Plätzchen. Als sie wieder am Kindergarten ankommen, rufen die Kinder begeistert: »Das machen wir nächstes Jahr wieder!« »Vielleicht!«, sagt Frau Müller. »Es ist fast so schön wie beim Laternenumzug am Martinstag.« Aber jetzt werden die Kürbisköpfe zunächst einmal zu Hause ins Fenster gestellt und noch einmal angezündet. Sie leuchten unheimlich durch die dunkle Nacht.

Lauras Traumgeist

»Hilfe!«, schrie die kleine Laura und wälzte sich in ihrem Bett von einer Seite auf die andere. Von ihrem Schreien war sie selbst wach geworden. Jetzt setzte sie sich im Bett auf und wischte sich die Tränen aus den Augen. Es war dunkel im Zimmer. Also musste es mitten in der Nacht sein. Als Laura gerade nach ihrer Mutter rufen wollte, spürte sie eine leichte, kühle Hand auf ihrem Arm. Das tat gut. Unendlich gut. Vielleicht war ihre Mutter hereingekommen und saß schon lange an ihrem Bett. »Mutti!«, flüsterte Laura. »Ich hatte einen furchtbaren Traum! Sie haben mich in ein ganz tiefes Loch geworfen, und ich kam nicht mehr heraus!«
»Ein Alptraum«, bekam sie zur Antwort. »Nur ein Traum, der jetzt vorbei ist!« Das war beruhigend. Doch gleichzeitig erkannte Laura, dass das nicht Muttis Stimme war. Aber wer saß neben ihrem Bett? Wer strich ihr jetzt mit einem kühlen Hauch, der so gut tat, über die Stirn? Wenn Laura in das Dunkel hineinsah, konnte sie die Umrisse einer fremden Gestalt entdecken. Nein, das waren weder ihre Mutter noch ihr Vater! »Hab keine Angst!«, sagte die fremde Stimme freundlich und beruhigend. »Ich habe dich gleich geweckt, als der Alptraum dir Angst machte!« Da legte sich Laura zurück auf ihr Kissen. Es ging ihr bereits wieder viel besser. »Ich bin der Traumgeist!«, sagte die fremde Stimme. »Wenn Kinder böse Träume haben, wecke ich sie. Dann können sie später wieder schöne Träume träumen!« – »So wie bei mir!«, flüsterte Laura. Es tat so gut, überall den kühlen Hauch zu spüren. Ihre angstnasse Stirn war längst wieder trocken. Nur das Haar hinten im Nacken war noch ein bisschen feucht. »Kommst du immer nachts zu den Kindern? Wie bist du durch das geschlossene Fenster gekommen? Bleibst du noch ein bisschen bei mir?« Lauras Fragen überschlugen sich fast.
»Wenn du zu viel redest, kannst du gleich nicht mehr einschlafen!«, flüsterte der Traumgeist. »Und du willst doch jetzt etwas Schönes träumen!« Laura nickte und schloss die Augen, als der Traumgeist ihr ganz behutsam die Hände und die Arme streichelte. Das war so schön, dass sie alles um sich vergaß und bald wieder fest eingeschlafen war. Am Morgen aber, als ihre Mutter sie weckte, erinnerte sie sich wieder an alles, was in der Nacht geschehen war. So viel sie auch erzählte, ihre Mutter konnte es nicht glauben. »Wo hat dein Traumgeist denn gesessen?«, fragte sie schließlich, und Laura zeigte auf den Stuhl neben ihrem Bett. Ihre

Mutter lachte. »Da habe ich gestern deinen alten, großen Teddybären hingesetzt, als du ihn aus dem Bett geworfen hast.« Und obendrauf habe ich noch dein Kissen aus dem Bett gepackt, weil es dir gestern Abend bereits zu warm war.« Ja, genau so waren die Umrisse des Traumgeistes gewesen, jedenfalls das, was Laura erkannt hatte. »Ich hatte einen Alptraum!«, sagte sie schließlich. »Und du hast nicht geschrien und mich gerufen?«, fragte ihre Mutter verwundert. »Mein Traumgeist war ja da!«, antwortete Laura. »Und er kommt jetzt immer wieder, wenn ich Alpträume habe.« – »Schade, dass zu mir nie ein Traumgeist kommt«, meinte Mutti noch, als sie hinausging. »Traumgeister kommen sowieso nur zu Kindern!«, rief Laura ihr nach. Und da hatte sie Recht.

Wenn es draußen nass und kalt ist

Wenn die Kinder eine Zeit lang ruhig gesessen haben, dann wollen sie sich draußen bewegen und herumtoben. Wenn es draußen nass und kalt ist, müssen wir uns Bewegungsspiele ausdenken, die wir drinnen spielen können. Wir stellen Tische und Stühle zur Seite, und dann geht es los.

Luftballons blasen

Wir brauchen einen Gymnastikreifen und für jedes Kind, das mitspielt, einen aufgeblasenen Luftballon. Nun soll jeder versuchen, seinen Luftballon in den Reifen zu pusten. Dabei kann es vorkommen, dass andere Luftballons wieder aus dem Reifen herausgepustet werden.

Schöner ist es noch, wenn alle Mitspieler versuchen, ihre Ballons in den Reifen zu pusten ohne die anderen hinauszupusten. Gelingt es wirklich am Ende, dass alle Luftballons im Reifen sind, dann haben alle Mitspieler wirklich etwas Tolles geleistet. Für dieses Spiel darf die Gruppe der Mitspieler nicht zu groß sein.

Wettlauf mit dem Wind

Wir schneiden aus Pappe kleine Figuren (Männchen) oder Tiere doppelt aus, so dass der obere Teil noch zusammenbleibt und die Tiere stehen können. Nun stellen wir die Figuren in einer Reihe auf den Boden, legen uns dahinter auf den Bauch und versuchen, die Figuren durch unser Blasen vorwärts zu treiben.

Aber Vorsicht! Wenn ein Männchen umfällt, muss es wieder zum Ausgangspunkt zurück.

Verzaubern

Ein Kind darf der Zauberer sein. Es trägt einen spitzen Zauberhut auf dem Kopf und erhält auch noch einen Zauberstab. Nun muss es versuchen, die Spieler, die vor ihm davonlaufen, mit seinem Zauberstab zu berühren. Hat es einen berührt, ruft es: »Werde hart wie Stein!«
Nun muss das verzauberte Kind auf der Stelle starr wie ein Denkmal stehen bleiben. Wenn alle verzaubert sind, darf ein anderes Kind den Zauberer spielen.
Eine andere Möglichkeit: Der Zauberer läuft im Kreis herum und berührt ein Kind irgendwo am Körper. Berührt der Zauberer seine Schulter, muss das Kind seine Hand auf seine Schulter legen und hinter dem Zauberer herlaufen. Ein anderes läuft mit seinem verzauberten Bein hinter dem Zauberer her und hält sein Bein mit der Hand fest. Sind alle verzaubert, dann darf ein anderes Kind den Zauberer spielen. Es ist auch möglich, dass alle Kinder mit ihren »verzauberten Körperteilen« herumlaufen, bis sie von dem Zauberer erlöst werden.

Das Regengedicht

Wenn es heute wieder regnet,
sehen wir zum Fenster raus.
Sagt, wo bleibt denn nur die Sonne?
Jeder möchte doch hinaus.

Wenn es immer weiterregnet,
macht uns das fast gar nichts aus.
Kommt, nehmt eure Regenmäntel,
und wir laufen gleich hinaus.

Wenn es immer weiterregnet,
wird das Schirmchen aufgespannt.
Und wir gehen durch den Regen
Arm in Arm und Hand in Hand.

Lasst es immer weiterregnen
und holt eure Stiefel raus.
Und wir plantschen und wir stampfen
durch die Pfützen vor dem Haus.

Selbst der allerschlimmste Regen
wird einmal zu Ende sein.
Und wir spielen und wir tanzen
rundherum im Sonnenschein.

Sankt Martin reitet auf dem Pferd

Text: Rolf Krenzer · Musik: Reinhard Horn

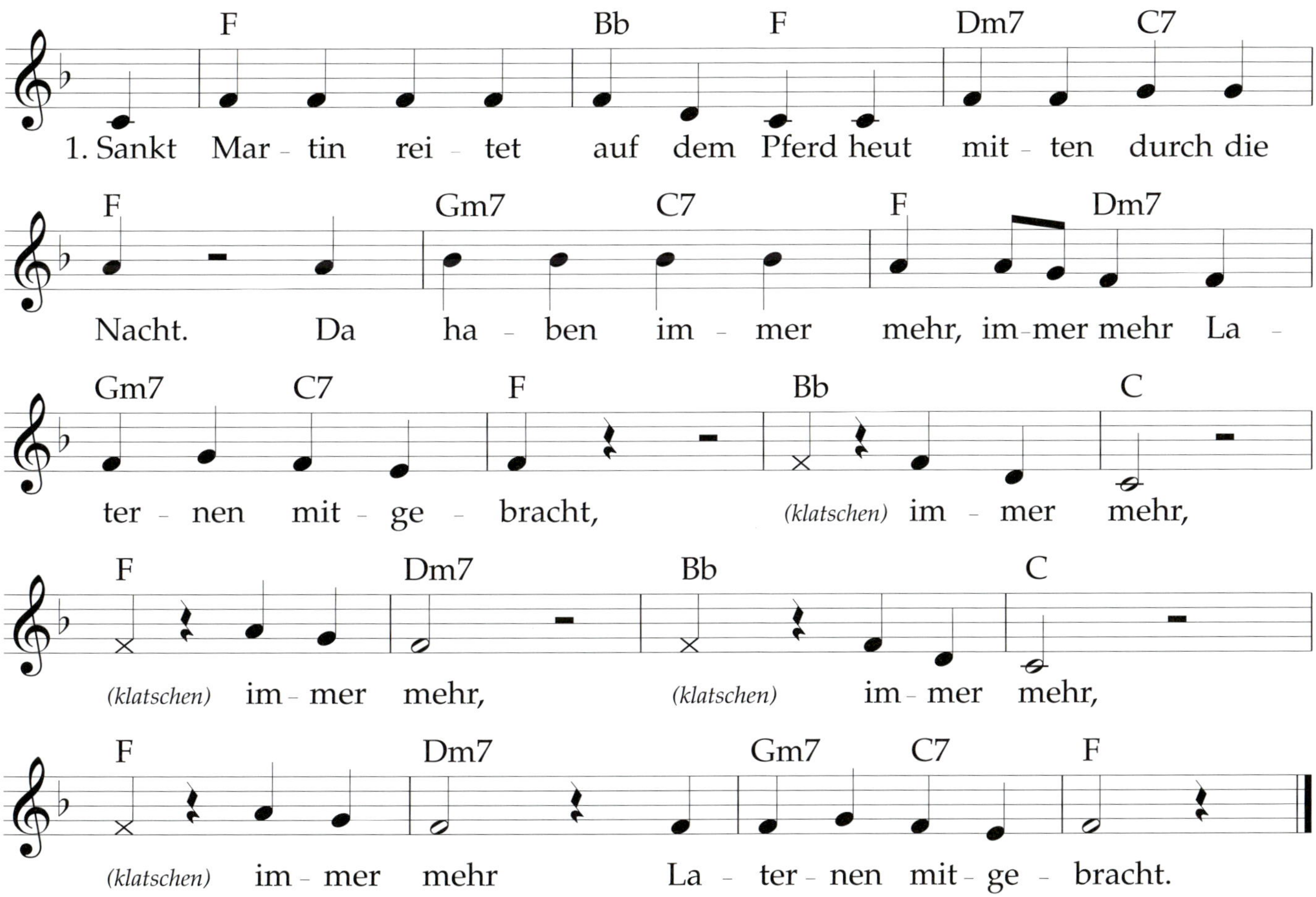

2. Sankt Martin teilt den Mantel dann
mit einem armen Mann.
Da zünden immer mehr, immer mehr
jetzt die Laternen an,
immer mehr, immer mehr,
immer mehr, immer mehr
jetzt die Laternen an.

3. Sankt Martin reitet auf dem Pferd
weit in die Nacht hinein.
Da gehen immer mehr, immer mehr
Sankt Martin hinterdrein,
immer mehr, immer mehr,
immer mehr, immer mehr
Sankt Martin hinterdrein.

4. Wenn wir mit den Laternen gehn,
mit dem Laternenlied,
dann singen immer mehr, immer mehr,
so gut sie's können, mit,
immer mehr, immer mehr,
immer mehr, immer mehr,
so gut sie's können, mit.

November-Rätsel

An dem Stock häng ich vor dir,
bin aus Pappe und Papier.
Zündest du ein Kerzchen an,
leuchte ich, so hell ich kann.

Laterne, Lampion

Am Weg saß frierend einst ein Mann.
Da hielt ein Reiter bei ihm an
und teilt' den Mantel mit dem Schwert.
Wie hieß der Reiter auf dem Pferd?

Sankt Martin

Spannst du mich auf, dann schütz ich dich,
und regnet's noch so fürchterlich.
Mein Bruder aber ist sehr fein
und schützt dich vor dem Sonnenschein.

Regenschirm, Sonnenschirm

Wir kommen im langen Zug daher,
so viele Kinder ... und immer mehr.
Wir singen ein Laternenlied
und viele Leute singen mit.
Zum Schluss, das dürft ihr nicht vergessen,
gibt's einen gebackenen Mann zu essen.
Da fragen jetzt so viele Leut:
Was feiern denn die Kinder heut?

Martinstag

Dezember

»Der Dezember ist der schönste Monat im ganzen Jahr!«, erklärt Philipp, und alle stimmen ihm zu. Nur Frau Müller schüttelt bedenklich den Kopf. »Für mich nicht!«, sagt sie. Das können die Kinder nicht verstehen. »Zuerst kommt der Nikolaus!«, ruft Annette, und die Kinder klatschen begeistert in die Hände. »Und dann werden Plätzchen gebacken!« – »Und Geschenke gebastelt.« »Und der Adventskranz wird geschmückt und aufgehängt.« Die Stimmen der Kinder überschlagen sich fast. Ihnen fällt immer wieder noch etwas Neues ein. »Wir singen neue Weihnachtslieder!« – »Und bunte Bilder kommen an die Fenster.« – »Wir üben wieder ein Spiel für die Weihnachtsfeier!« – »Ja, die Weihnachtsfeier! Da kommen alle Eltern. Und noch die Großeltern!« Max stellt sich vor Frau Müller und sagt schließlich: »Da sagst du, für dich ist der Dezember nicht schön!« Er blickt sie so traurig an, dass Frau Müller ein bisschen lächeln muss. »Ich freue mich ja auch mit euch!«, sagt sie und nimmt Max in den Arm. »Und wenn ich so alt wäre wie ihr, dann würde ich mich bestimmt genauso freuen.« Sie seufzt ein wenig. »Aber für die Erwachsenen ist die Adventszeit mit viel Arbeit verbunden. Es muss an so vieles gedacht und so vieles besorgt werden. Und dann erst die Weihnachtsfeier!« – »Die ist doch am allerschönsten!«, rufen die Kinder. Frau Müller nickt. »Ja, und sie macht am allermeisten Arbeit. Die Eltern sollen sich doch ganz besonders freuen, wenn wir sie in den Kindergarten einladen! Und dann habe ich ja auch noch meine Kinder zu Hause, die sich ebenso wie ihr auf all das freuen, was wir zu Hause zusammen machen wollen.« »Dann haben Erzieherinnen vor Weihnachten besonders viel Arbeit!«, sagt Susanne verständnisvoll. »Aber die anderen Erwachsenen doch nicht!« – »Na dann frage mal deine Mutti!«, meint Frau Müller lachend. Dann dürfen sich alle Kinder um sie herumsetzen. Und Frau Müller singt ihnen ein neues Lied vor. Das erste Nikolauslied in diesem Jahr. Es macht den Kindern so viel Spaß, dass sie es gleich lernen wollen. »Ich freue mich doch wie ihr auf das, was wir im Dezember alles tun wollen!«, sagt Frau Müller. Und alle Kinder atmen erleichtert auf.

Vier Kerzen im Advent

Wenn die erste Kerze brennt,
dann beginnt der Advent.
Brennen dann zwei Kerzen,
freun wir uns von Herzen.
Wenn die dritte Kerze brennt,
ist das Warten nicht zu End.
Brennen aber alle vier:
Weihnachten steht vor der Tür!

Wenn es dreimal klopft

Seitdem der Adventskalender an der Wand hängt und der große Adventskranz im Kindergarten aufgehängt ist, reden alle davon, dass jetzt bald auch der Nikolaus kommen wird. »In den Kindergarten?«, fragt Leonie und kann es einfach nicht glauben. Sie geht erst seit den Sommerferien in den Kindergarten. Die größeren Kinder, die schon voriges Jahr hier waren, wissen es ganz genau. »Er kommt ganz bestimmt!«, sagen sie. »Wenn es dreimal klopft, dann ist er da!« »Wo klopft?«, fragt Leonie. »Natürlich dort an der Tür!«, antworten die Großen lachend. Auch Renate, die Erzieherin, bestätigt: »Wenn es dreimal klopft, dann ist es so weit!« Und wenn es selbst Renate sagt, dann muss es stimmen. So blickt Leonie immer wieder zur Tür und wartet, dass es endlich klopft. Sie kennt den Nikolaus nur aus dem großen

Bilderbuch. Bei ihr zu Hause war er selbst noch nie gewesen. Wie schön, dass er nun in den Kindergarten kommen wird. Sie wartet und wartet. Und als der Kindergarten für heute aus ist und Mama sie an der Tür abholt, ist sie sehr enttäuscht. »Der Nikolaus wollte in den Kindergarten kommen!«, sagt sie traurig, als sie hinter Mama im Auto sitzt. »Renate hat gesagt: ›Wenn es dreimal klopft, dann kommt er!‹« – »Heute ist der 2. Dezember!«, erklärt ihr Mama. »Da dauert es noch ein bisschen, bis er klopft!« – »Was ist ein bisschen?«, fragt Leonie.

»Das heißt, du musst noch bis zum 6. Dezember warten!«, antwortet Mama schnell, denn sie sind bereits zu Hause angekommen. »Wievielmal noch schlafen?«, schreit Leonie. Doch Mama ist bereits aus dem Auto geklettert und hilft nun Leonie schnell hinaus. »Beeil dich!«, sagt sie hastig. »Papa und Johannes warten schon auf das Mittagessen!« »Wann kommt der Nikolaus?«, fragt Leonie am nächsten Tag im Kindergarten. »Wenn es dreimal klopft!«, antwortet Renate und lacht. »Und wann klopft es dreimal?«, fragt Leonie weiter. »Wenn der Nikolaus kommt!«, meint Renate und nimmt sie lachend in den Arm. »Wann ist das?«, bohrt Leonie trotzdem weiter. »Bald!«, antwortet Renate. »Es dauert nicht mehr lange!« – »Es hat wieder nicht dreimal geklopft!«, sagt Leonie traurig, als Mama sie wieder abholt. »Ein bisschen musst du einfach noch warten!« – »Wievielmal schlafen?«, versucht es Leonie wieder. »Jetzt nerv mich bitte nicht!«, sagt Mama. »Wir müssen noch den Johannes an der Schule abholen!« Es ist so viel Betrieb auf der Straße, dass Mama sich ganz auf den Verkehr konzentrieren muss. Leonie versteht, dass sie ihr jetzt nicht antworten wird. »Wann kommt der Nikolaus?«, fragt Leonie später ihren Bruder. »Verrat ich nicht!«, lacht Johannes und schüttelt nur den Kopf. »Wievielmal noch schlafen?«, quengelt Leonie weiter. »So doll kann ich nicht rechnen!«, grinst Johannes und geht einfach in sein Zimmer. Papa hat sowieso keine Zeit. Trotzdem wagt es Leonie, auch ihn zu fragen. »Wart ab!«, sagt er nur. »Es ist immer noch zu früh!« Das hilft Leonie auch nicht weiter. Sie fragt jetzt keinen mehr nach dem Nikolaus. Weder Papa noch Mama. Und Johannes schon ganz und gar nicht. Auch im Kindergarten fragt sie nicht mehr. Renate macht sich ja doch nur lustig über sie. »Ja, ja, wenn es dreimal klopft!«, sagt sie und lacht wie die andern. Aber heimlich schaut sie immer wieder zur Tür und wartet. Doch es tut sich nichts. Weder heute noch morgen. Aber dann, als Leonie schon gar nicht mehr darauf gewartet hat, da klopft es plötzlich an die Tür. Einmal! Zweimal! Dreimal! »Der Nikolaus ist da!«, rufen die Kinder. »Herein!«, ruft Renate, so laut sie kann, damit man sie auch vor der Tür hören kann. »Herein!«,

schreien die Kinder. Da öffnet der Nikolaus die Tür und kommt herein! Wirklich, es ist der Nikolaus! Genauso hat Leonie ihn sich vorgestellt. Und als der Nikolaus dann zu Leonie kommt und ihr die Hand gibt, da fragt er sie: »Freust du dich denn, dass ich zu euch gekommen bin?« Da kann Leonie vor Aufregung nicht sprechen. Aber nicken kann sie. Immer wieder nicken. So sehr freut sie sich.

Nikolausverse

Hallo, guter Nikolaus

Hallo, guter Nikolaus,
gehst du heut von Haus zu Haus,
schau doch auch, das würd mich freun,
einmal hier bei mir herein!

Papas Schuhe

Nikolaus, kommst du zu mir,
stehn Papas Schuhe vor der Tür.
Meine Schuhe sind zu klein.
Viel zu wenig passt hinein!

Ich warte auf den Nikolaus

Ich warte auf den Nikolaus
und halt es nicht mehr länger aus.
Ach komm doch endlich, guter Mann,
weil ich nicht länger warten kann.
Und komm ich um vor Ungeduld,
bist du am Ende daran schuld!

Justus und die Weihnachtsmänner

Wenn es nach Justus ginge, dann könnte Mama jeden Tag vor Weihnachten Ausstechplätzchen backen. Es gibt für ihn nichts Schöneres, als die Plätzchen mit den verschiedenen Förmchen auszustechen und dann auf das Kuchenblech zu legen. In diesem Jahr hat Mama noch einmal neue Förmchen dazugekauft. So gibt es jetzt nicht nur Sterne, Herzen, Glocken und Bäume, sondern auch kleine Hunde und Katzen, Häschen und Pilze, einen Schlitten und einen richtigen Weihnachtsmann. Allerdings muss man bei dem Weihnachtsmann sehr gut aufpassen, dass der Teig nicht auseinander bricht, wenn man ihn auf das Kuchenblech legen will. Er ist so groß! Viel größer als die anderen Plätzchen, die sie sonst zusammen ausstechen. Aber gerade der Weihnachtsmann ist so schön und so aufregend, dass Justus ihn immer und immer wieder ausstechen will. »So, Justus«, sagt Mama eines Nachmittags, als sie wieder Plätzchenteig vorbereitet, »jetzt gibt es keine Weihnachtsmänner mehr. Wir können nicht nur Weihnachtsmänner in die Päckchen für die Großeltern und für Tante Marie und Tante Paulina und ihre Kinder packen. Und meine Patenkinder wollen auch noch etwas anderes außer Weihnachtsmännern!« – »Kinder mögen Weihnachtsmänner am allerliebsten!«, entgegnet Justus und betrachtet die Ausstechform in seiner

Hand, die er natürlich schon längst für sich herausgesucht hat.
»Bitte, bitte, Mama!«, bettelt er. »Nur noch ein einziges Mal Weihnachtsmänner!« – »Was sollen wir denn mit den vielen Weihnachtsmännern machen?«, stöhnt Mama. »Nur heute noch einmal!«, flüstert Justus. »Ich habe eine Idee!«, sagt Mama schließlich und nickt Justus zu. Da weiß Justus, dass heute wirklich noch einmal Weihnachtsmänner gebacken werden. Und begeistert sticht er mit seiner Form später einen Weihnachtsmann nach dem anderen aus. Mama legt alle auf das Backblech. Und es werden drei Bleche voll, die nun im Backofen gebacken werden. Drei Kuchenbleche voll Weihnachtsmänner. »Was hast du für eine Idee?«, fragt Justus und blickt Mama erwartungsvoll an. »Verrate ich erst morgen früh!« – »Hat es was mit Weihnachten zu tun?«, fragt Justus. »Halb und halb!«, meint Mama. »Am meisten aber mit morgen und mit Advent!« Als Justus und Mama dann den ersten frisch gebackenen Weihnachtsmann probieren, versucht er noch einmal, Mama auszufragen. Aber sie verrät nichts. Am nächsten Morgen legt sie alle Weihnachtsmänner in eine Blechschachtel, die von allen Seiten mit Weihnachtsgrün, Kerzen und Glöckchen verziert ist. Obendrauf kommt ein bunter Deckel mit einem Bild vom Weihnachtsmann. »Und jetzt?«, fragt Justus. »Jetzt gehen wir damit in den Kindergarten!«, lacht Mama und reicht Justus die Schachtel. »Du darfst sie tragen!« Ganz behutsam trägt Justus die Schachtel mit den Weihnachtsmännern, als er an Mamas Hand zum Kindergarten geht. Später, als sich alle zum Frühstücken hingesetzt haben, stellt Frau Steinmüller die große bunte Weihnachtsschachtel mitten auf den Tisch. Sie öffnet den Deckel. Alle Kinder freuen sich sehr, als sie die wunderschönen Weihnachtsmänner darin entdecken. »Justus hat sie selbst gebacken!«, sagt Frau Steinmüller. »Meine Mutter hat ein bisschen geholfen!«, fügt Justus leise hinzu, denn ohne Mamas Hilfe und ohne ihre besondere Idee wäre es hier im Kindergarten heute Morgen nicht so schön geworden. Dann darf Justus verteilen. Jedes Kind bekommt von ihm einen Weihnachtsmann. Und Frau Steinmüller natürlich auch.

Das wünsch ich mir zu Weihnachten

Ich bin ein Auto, dass ihr's wisst,
das ganz rot angestrichen ist.
Brennt da ein Wald, brennt dort ein Haus,
dann fahre ich sofort hinaus.
Hab eine Leiter auf dem Dach.
Wer bin ich? Denk einmal nach.

Feuerwehrauto

Mit mir fahren, das macht Spaß!
Man gibt mit den Füßen Gas.
Unter mir zwei kleine Räder.
Meine Klingel hört ein jeder.
Mit mir fahren, das macht Spaß!
Gib nur mit den Füßen Gas!

Roller

Ohne Motor und Benzin
fährst du auf mir schnell dahin.
Brauchst nur die Pedale treten
und dann überholst du jeden.
Sattel, Spiegel, Bremse, Licht.
Klingeling! Kennst du mich nicht?

Fahrrad

Ach, wie muss ich mich doch plagen,
denn ich ziehe viele Wagen.
Viele Wagen, voll und schwer,
ziehe ich hinter mir her.
Auf den Schienen laufe ich.
Wenn es schwer wird, schnaufe ich.

Eisenbahn

Die Geschichte vom Weihnachtswichtel

Vor langer Zeit, als das Wünschen noch wirklich geholfen hat und die Menschen noch viel Zeit füreinander hatten, lebte auf einem Bauernhof hoch im Norden von Nordfriesland ein Wichtel. Das war ein kleiner guter Geist, ein Zwerg, der überall heimlich nach dem Rechten sah und dafür sorgte, dass sich die Bauersleute auf ihrem Hof wohl fühlten. Er kümmerte sich um die Kühe und Ochsen, um die Pferde und Schweine und um die Hühner, Enten und Gänse. Wenn ein Tier einmal krank wurde, wachte der Wichtel nachts bei ihm im Stall. Er suchte auf den Wiesen nach den Heilkräutern, die es schnell wieder gesund machten. Oft wunderte sich der Tierarzt, wie schnell die Tiere auf diesem Bauernhof wieder genesen waren. Wenn er dann sagte, dass ihm dies alles sehr merkwürdig und wundersam vorkomme, dann lachten die Bauersleute gutmütig und sagten: »Da wird unser Wichtel ein bisschen mitgeholfen haben!« Dann lachte auch der Tierarzt, schüttelte vielsagend den Kopf und meinte: »Gut, dass ihr den Wichtel habt!« Er gab der Kuh, die am Tag vorher noch so krank gewesen war, einen liebevollen Klaps und fuhr weiter zum nächsten Bauernhof, auf dem er gebraucht wurde. Die uralte Svenke aber, die Großmutter des Bauern, die über neunzig Jahre alt war und sich immer noch gut fühlte, stellte einen Teller mit dem besten Essen, das es auf dem Bauernhof gab, in den Stall und rief: »Du brauchst dich vor uns nicht zu verstecken! Nimm unseren Dank an und lass es dir schmecken!«

Der Wichtel wusste natürlich genau, wer gemeint war. Er wartete ab, bis die uralte Svenke ins Haus gegangen war, und aß sich dann so richtig satt. Und er passte danach wieder doppelt so gut auf Haus und Hof auf. Er wusste, dass er von den Bauersleuten geehrt und geachtet wurde, und das gab ihm immer wieder neue Kraft. Nun wurde eines Tages auf dem Bauernhof die kleine Mareike geboren. Noch in der Nacht, als das Kind in der Wiege neben dem Bett seiner Mutter lag, war der Wichtel leise ins Schlafzimmer gekommen, war an der Wiege hochgeklettert und hatte sich hinuntergebeugt und die kleine Mareike angesehen. Ganz lange war er geblieben. Und als er endlich wieder im Mondschein davonschlich, da spürte er ganz tief in seinem Herzen, dass er dieses kleine Kind jetzt bereits sehr lieb hatte. So kam es dann, dass die kleine Mareike ganz unbekümmert auf dem Bauernhof aufwuchs und ihr alles gelang, was sie nur anfasste.

»Mareike, du bist ein Glückskind!«, sagte die Bäuerin oft, wenn sie das Kind in den Arm nahm. Und die alte Svenke schüttelte bedächtig ihren Kopf und flüsterte: »Ich muss unserem Wichtel wieder einmal Dank sagen, weil er so gut auf unsere kleine Mareike aufpasst!« So sorgte sie, solange sie lebte, dafür, dass jemand immer wieder dem Wichtel ein gutes Essen hinstellte, das auch bald bis zum letzten Bissen aufgegessen war, obwohl sich der Wichtel niemals sehen ließ. Als dann die uralte Svenke gestorben war, kümmerte sich Mareikes Großmutter um den Wichtel, und so lebten alle auf dem Bauernhof jahrein, jahraus gut miteinander. Es wurde auch noch der kleine Malte geboren, aber so gern der Wichtel auch den Malte hatte, die kleine Mareike behielt er am allerliebsten. In der Zeit vor Weihnachten, als alle Kinder es kaum noch aushielten, immer noch auf den Weihnachtsabend zu warten, da lief auch die kleine Mareike durch Haus und Hof und rief immer wieder: »Wenn es doch nur bald Weihnachten wäre! Wenn es doch endlich Weihnachten wäre!« Das hörte auch der Wichtel. Natürlich konnte er Weihnachten nicht schnell herbeizaubern. Aber etwas anderes konnte er. Er konnte der kleinen Mareike etwas schenken, was sie froh machte

und das lange Warten vielleicht ein wenig verkürzte. Der kleine Wichtel saß die ganze Nacht auf dem Gartenzaun vor dem Haus und dachte nach. Plötzlich kicherte er leise, rieb sich die Hände, kletterte vom Zaun herunter und verschwand eilig in der allerhintersten Ecke im Stall. Dort hatte er nämlich sein ganz geheimes Versteck. Es war so geheim, dass er selbst immer wieder vergaß, was er dort alles aufbewahrte. Deshalb ging er von Zeit zu Zeit, wenn der Mond in den Stall leuchtete, zu dem Versteck und schaute sich seine kleinen Schätze immer wieder an, um sich daran zu freuen. Es waren lauter Sachen, die die Menschen irgendwann einmal verloren und nicht vermisst hatten. Manchmal hatte auch der Wind etwas herbeigetragen und der Wichtel hatte es entdeckt. Der Wichtel schaute sich seine kleinen Schätze lange an, wählte dann sorgfältig etwas aus und steckte es unter seinen Hut, damit er es nicht verlieren konnte. Als die kleine Mareike am nächsten Morgen ihren Haferbrei aß, hatte sie plötzlich einen winzig kleinen glitzernden Ring auf dem Löffel. Die Großmutter nahm ihn und säuberte ihn unter dem Wasserhahn. Sie sah den Ring lange an und sagte dann: »Solch einen Ring habe ich einmal gehabt, als ich so ein kleines Mädchen war wie du!« Sie steckte Mareike den Ring an den Finger, und er passte. Wie freute sich Mareike da! Die Großmutter aber musste den ganzen Tag an den Ring denken. Sicher hatte sie damals gar nicht richtig bemerkt, dass sie ihn verloren hatte. Sie hatte ihn vergessen. Aber jetzt, als Mareike ihn in ihrem Haferbrei gefunden hatte, da erinnerte sie sich wieder daran. Der kleine Malte aber blickte mit großen Augen auf den Ring an Mareikes Finger, so dass sie ganz deutlich spürte, wie traurig er war, dass er nichts im Haferbrei gefunden hatte. Da schlich Mareike heimlich in ihr Zimmer und kam mit einem Bonbon zurück, das sie sich eigentlich für den nächsten Tag aufgehoben hatte. Ebenso heimlich legte sie das Bonbon neben Maltes Teller. Dann freute sie sich wie eine Schneekönigin, als Malte das Bonbon entdeckte. Am nächsten Morgen fand sie ein wunderschönes kleines Schneckenhaus auf ihrem Frühstücksteller. Und für Malte lag das kleine Holzauto da, das er im Sommer verloren hatte. Nein, Mareike hatte es bestimmt nicht dorthin gelegt. Am nächsten Tag fand Mareike eine rote Haarspange. Für Malte gab es einen roten Farbstift, den er gerade sehr gut brauchen konnte. Jeden Morgen lag etwas da, und die Kinder freuten und wunderten sich. Aber auch die Großen staunten nur und konnten sich nicht erklären, woher das alles kam. Nur die Großmutter nickte nachdenklich mit dem Kopf und sagte: »Das hat sich bestimmt unser Wichtel ausgedacht.« Und weil damals noch jeder auf das hörte, was die alten Leute sagten, widersprach ihr keiner. Bis zum allerletzten Tag vor

Weihnachten schenkte der Wichtel den Kindern etwas aus seinem Versteck und freute sich diebisch, wenn er heimlich zusah, wie die Kinder es entdeckten. Er fiepte in den höchsten Tönen, wenn er ihr Lachen vernahm und hörte, wie sehr sie sich darüber freuten. »Unser Wichtel wichtelt jeden Tag etwas für uns!«, lachte Mareike. Und Malte fügte hinzu: »Unser Wichtel ist ein richtiger Weihnachtswichtel!« Als der Wichtel das hörte, wäre er fast vor Stolz geplatzt. Viele Jahre lang noch beschenkte der Wichtel die Kinder in der Zeit vor Weihnachten. Als Mareike aber eines Tages den Bauernhof verließ und in der Stadt arbeitete, da vergaß sie auch den Wichtel. Nur viele, viele Jahre später, als sie selbst Großmutter war, da kam ihr Enkelkind, der kleine Gunnar, einmal während der ganzen Vorweihnachtszeit zu ihr. Seine Mutter erwartete nämlich sein Schwesterchen oder sein Brüderchen. So durfte Gunnar bis Weihnachten bei seiner Großmutter bleiben. Tag für Tag nervte der kleine Gunnar seine Großmutter, wann es nun endlich Weihnachten würde. Da fiel ihr auf einmal der Weihnachtswichtel wieder ein, der immer vor Weihnachten für sie gewichtelt hatte. Damals, als die Großmutter selbst nicht älter als der kleine Gunnar war. Als Gunnar am nächsten Morgen sein Müsli essen wollte, fand er plötzlich ein winzig kleines Polizeiauto auf seinem Löffel. Er freute sich so, dass er sich fast verschluckt hätte. Am nächsten Morgen fand er ein Päckchen Buntstifte in seiner Tasche und am übernächsten einen kleinen roten Springball. »Das hat der Weihnachtswichtel für dich gewichtelt!«, sagte die Großmutter und schmunzelte hintergründig. So ging es bis Weihnachten. Am letzten Tag aber erwischte Gunnar seine Großmutter dabei, als sie gerade eine Wunderkerze in sein Frühstücksbrötchen stecken wollte. »Du bist der Weihnachtswichtel!«, rief er fröhlich und umarmte sie, so fest er nur konnte. Im nächsten Jahr vor Weihnachten wichtelte Gunnar für seine Eltern, im darauf folgenden Jahr wichtelten sie im Kindergarten und im Jahr darauf in der Schule. Und heute? Heute wichteln Kinder und Erwachsene. Es ist ein schöner Brauch in der Vorweihnachtszeit geworden, weil man meistens nicht erraten kann, von wem man all die schönen Kleinigkeiten bekommt. Ganz zum Schluss kommt es dann meistens heraus. Der kleine Wichtel lebt immer noch auf dem Bauernhof in Nordfriesland und wichtelt in der Zeit vor Weihnachten für die Kinder, die jetzt dort wohnen. Dass aber jetzt überall bei uns vor Weihnachten gewichtelt wird, davon weiß er bis heute noch nichts.

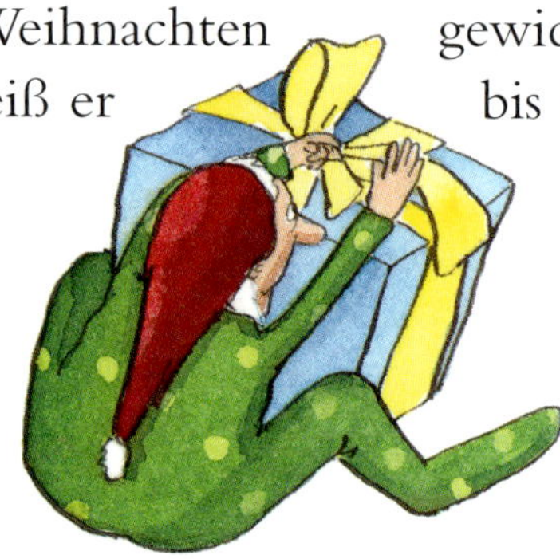

Warum wir uns fröhliche Weihnachten wünschen

Ich bin der Josef, schaut her genau.
Und ich die Maria, seine Frau.
Nach langer Reise suchen sie nun
ein Zimmer, ein Bett, um sich auszuruhn.
Wie müde und schlapp die beiden sind.
Maria, die Frau, erwartet ein Kind.

Nun klopfen sie an noch spät in der Nacht
und hoffen, dass einer die Tür aufmacht.
Der eine Wirt ruft: »Nichts frei mehr!
Leider!«
Der zweite schickt sie einfach weiter.
Da war noch einer, der sagt nicht nein
und lässt sie in seinen Stall hinein.
Maria hat in dieser Nacht
das Kind im Stall zur Welt gebracht.
Sie hat es geherzt und zart geküsst.
Sie weiß, dass Gott sein Vater ist.

Draußen sind Hirten bei ihren Schafen
in dieser Nacht fest eingeschlafen.
Da haben die Engel sie entdeckt
und sie erschreckt und aufgeweckt.
»Fürchtet euch nicht!«, hat ein Engel gesagt.
»Und lauft zu dem Stall, bevor es heut tagt.
Im Stall liegt das Kind! Nun beeilt euch schon!
Das Kind in der Krippe ist Gottes Sohn!«
So haben die Hirten sich in der Nacht
sogleich auf den Weg zum Stall gemacht.
Seht ihr den Stern am Himmel stehen?
Ein König hat ihn gleich gesehen,
sagt es dem zweiten und dem dritten.
So sind sie bald schon losgeritten.
Sie fanden den König der Welt im Stroh.
Da warn die drei Männer von Herzen froh.
Und wir, wir freun uns wie damals die Leute
und wünschen uns fröhliche Weihnachten
heute.

Spielanregung
Wir sitzen im Kreis. Einer beginnt mit dem ersten Satz. Zu jeder Aussage wird eine entsprechende Geste gezeigt. Dann ist der zweite Spieler dran. Darauf wiederholen der 1. Spieler und der 2. Spieler ihren Satz. So geht es weiter reihum.
Zum Schluss reichen wir uns alle die Hände und wünschen uns fröhliche Weihnachten.

Der unterschiedliche Druck (normal – *kursiv*) zeigt den Sprecherwechsel an.

Januar

»Jetzt geht es endlich im Kindergarten wieder los!«, ruft Karlson und zieht einen schweren Rucksack hinter sich her in den Gruppenraum. »Ich will euch doch zeigen, was ich zu Weihnachten bekommen habe!« Schon beginnt er, ein riesiges rotes Feuerwehrauto auszupacken. »Halt!«, ruft Frau Müller. »Zuerst setzen wir uns alle einmal in den Stuhlkreis. Dann singen wir ein Lied. Und dann darf jeder von Weihnachten erzählen.« – »Gehen wir alle zusammen Schlitten fahren?«, fragt Tonia. »Natürlich!«, antwortet Frau Müller. »Und einen Spaziergang durch den Winterwald machen wir auch!« – »Wenn es viel Schnee gibt, bauen wir einen ganz großen Schneemann direkt vor den Kindergarten!«, verspricht Andrea, die Praktikantin. »Einen Zylinderhut und einen bunten Schal für ihn habe ich schon!« – »Jetzt braucht es nur noch zu schneien!«, meinen die Kinder und wünschen sich sehnlichst ganz viel Schnee herbei. »Ich möchte euch auch einige spannende Schneegeschichten vorlesen!«, verspricht Frau Müller. »Und ein paar neue Winterlieder wollen wir auch noch singen.« – »Und dann ist der Januar schon vorbei!«, sagt Max, und alle lachen. Aber nun dürfen alle zuerst noch von Weihnachten erzählen.

Immer noch kein Schnee

Den ganzen Dezember lang hatten Ulla und Ole auf Schnee gewartet. Es hatte nicht ein einziges Mal geschneit. Nun war auch der Januar fast halb vorbei, und immer noch warteten sie vergebens. »Schnee fällt dieses Jahr aus!«, meinte Vati und war deswegen auch gar nicht böse. Schließlich brauchte er keinen Schnee zu schippen und hatte auch keine Probleme mit seinem Auto. »So kann es bleiben bis April!«, sagte er und grinste, als die Kinder laut zu schimpfen anfingen. Mutti konnte sich an einzelne Winter erinnern, in denen es fast keinen Schnee gegeben hatte. Aber ein bisschen hatte es doch in jedem Jahr einmal geschneit. »Es wird auf der Erde immer wärmer«, meinte Onkel Rainer, »dann ist es zu warm für Schnee! Ihr seht es ja selbst, dass es immer nur regnet und nicht schneit!« Die Kinder glaubten ihm nicht. Es musste noch schneien! Wozu hatten sie sonst die dicken Schneestiefel zu Weihnachten bekommen? Dann wurde es von einem Tag zum andern so kalt, dass die Pfützen im Garten zufroren und sogar der kleine Bach in der Nähe eine Eisschicht trug. »Jetzt kommt der Winter doch noch!«, triumphierten die Kinder. »Vielleicht schneit es morgen!« – »Für morgen hat die Wettervorhersage nur noch mehr Frost angesagt!«, sagte Onkel Rainer. »Es ist zu kalt zum Schneien!« Ulla und Ole konnten nicht sagen, wen sie mehr hassten: die Wettervorhersage oder Onkel Rainer. »Es läuft ein Kinderfilm aus Island im Fernsehen!«, sagte Mutti. »Seht ihn euch an, dann habt ihr Schnee und Eis in Hülle und Fülle!« Da gingen die Kinder wütend in ihr Zimmer. An diesem Morgen malte Ulla eine große Wolke und obendrauf das Haus von Frau Holle. Sie malte zuerst ein großes Fenster in das Haus und dann Frau Holle mitten hinein. Frau Holle schüttelte mit beiden Händen ein riesiges bunt kariertes Kissen, aus dem die Federn nach allen Seiten davonflogen. Ole saß auf dem Fußboden und malte vier Seiten lang ein riesiges Dorf, in dem es richtig geschneit hatte. Er malte die Bauernhäuser und die Kirche, Kühe, Pferde, Ziegen, Hühner und Gänse und dazu viele Bauersleute. Ein Zeichenblatt legte er an das andere an. Einmal kam Mutti zu ihm und betrachtete lange das riesige Bild. »Du hast aber noch viel zu tun, wenn du alles bunt malen willst!«, meinte sie anerkennend. »Warum bunt?«, fragte Ole. »Es hat geschneit! Da ist alles auf dem Bild weiß!« – »Dann male wenigstens auch noch, dass es gerade schneit!«, sagte Mutti und nickte ihm zu. Ole schüttelte den Kopf. »Die Schneeflocken werden auf meinem Bild leider immer schwarz. Ich muss sie ja mit dem Bleistift zeichnen, damit man sie sieht!« Irgendwie hatte er Recht. Die Kinder malten und malten und merkten nicht, wie die Zeit verstrich. Sie merkten überhaupt nicht, was um sie herum vorging. Nicht einmal, dass es aus der Küche bereits verheißungsvoll nach Spinat und Rühreiern duftete. »Jetzt kommt aber endlich zum Essen!«, sagte Mutti, als sie wieder in das Zimmer kam. »Nur noch ein bisschen!«, bettelten Ulla und Ole. »Nach dem Mittagessen habt ihr noch viel Zeit!«, antwortete Mutti kurz. »Wenn ihr dann noch Lust dazu habt!« Warum sollten sie nachher keine Lust mehr zum Malen haben? »Auf! Vati ist auch bereits da!« Mutti nickte ihnen zu. »Hände waschen und dann zum Essen!« Noch in der Tür meinte sie: »Ihr könnt ja vorher einmal aus dem Fenster sehen!« Im Flur blieb sie einen Augenblick stehen und wartete. Und sofort hörte sie das Freudengebrüll aus dem Kinderzimmer. »Was haben die Kinder?«, rief Vati aus der Küche. »Siehst

du es nicht?«, lachte Mutti. »Es schneit zum ersten Mal in diesem Jahr!« – »Es schneit! Es schneit!«, schrien die Kinder und stürzten an ihr vorbei. »Halt!« Mutti packte sie schnell am Arm. »Zuerst den Spinat, dann hinaus in den Schnee!«

Kinder, wenn es endlich schneit

Kinder, wenn es endlich schneit,
dann ist richtig Winterzeit!
Wenn Frau Holle Betten schüttelt
und die Wolkenkissen rüttelt,
bis der Schnee auf unsre Welt
und auf mich herunterfällt.

Holt jetzt schnell den Schlitten raus
und lauft in den Schnee hinaus
und fahrt frohgemut und munter
dann vom Berg ins Tal hinunter.
Zieht ihn auf den Berg hinauf
und dann setzt euch wieder drauf!

Jedes Dach auf jedem Haus
sieht wie weiß gepudert aus.
Und sogar die Kirchturmspitze
hat jetzt eine weiße Mütze.
Kinder, wenn es endlich schneit,
dann ist richtig Winterzeit!

Schneeballspiele im Schnee

Wenn es endlich geschneit hat, dann lassen sich folgende Spielangebote spontan einsetzen und bereits die Allerjüngsten können mitspielen.

Schneeball, Schneeball, du musst wandern

Wir stellen uns im Kreis auf. Einer formt einen Schneeball und reicht ihn weiter. Der Schneeball muss sorgsam von einem zum anderen weitergegeben werden. Wer ihn herunterfallen oder zerplatzen lässt, muss einen neuen Schneeball formen.

Schneeball im Nest

Zuerst baut jeder aus Schnee ein Schneeballnest. Dann schaut die Erzieherin auf die Uhr und sagt: »Formt in zwei Minuten so viele Schneebälle, wie ihr könnt, und legt sie in das Schneeballnest! Achtung! Fertig! Los!«
Wenn sie in die Hände klatscht, ist die Zeit herum. Dann wird gezählt, wer die meisten Schneebälle in seinem Schneeballnest hat. Sieger kann auch sein, wer die dicksten oder die rundesten Schneebälle geformt hat.

Schneeklicker

Wir formen etwa 30 cm dicke Kugeln aus Schnee. Sie müssen fest zusammengepresst werden, damit sie recht stabil sind.

Anschließend markieren wir im Schnee ein Ziel (einen Kreis oder eine Höhle). Nun geht es darum, die harten Schneeklicker von einer festgelegten Stelle in das Ziel zu rollen. Wer die meisten Schneeklicker hineinrollt, hat gewonnen.

Schneeball, fliege!

Einer wirft seinen Schneeball, so weit er kann. Nun muss jedes Kind versuchen, seinen Schneeball noch weiter zu werfen. Wer am weitesten wirft, darf bei der nächsten Runde den ersten Schneeball werfen.

Schnee-Boccia

Ein Mitspieler formt vier Bälle, die anderen drei. Nun wirft das erste Kind seinen Schneeball. Anschließend darf jeder dreimal werfen. Wer seinen Schneeball am nächsten an den zuerst geworfenen bringt, hat gewonnen und darf beim nächsten Spiel den ersten Schneeball werfen. Der Spielleiter muss gut aufpassen, denn die Schneebälle sehen sich ja alle sehr ähnlich.

Mützen treffen

Wir sammeln fünf große Waschpulvertonnen und malen mit Plakafarben lustige Gesichter darauf. Aus Zeitungspapier falten wir große Papierhelme und setzen sie obendrauf. Dann stellen wir die Figuren in den Schnee. Jeder, der mitspielt, hat fünf Wurf mit seinen Schneebällen. Wer die meisten Papiermützen herunterwirft, gewinnt die Runde.

So schön war es noch nie

So schön war es noch nie, hat der Max gesagt. Es hat geschneit und geschneit und dann hat der Papa ein richtiges Schneehaus mit uns in den Garten gebaut, ein Iglu. Wir haben auch ein Licht hineingestellt und es brennen lassen. Es hat die ganze Nacht gebrannt. Als ich vor dem Schlafengehen aus dem Fenster geguckt habe, war das Iglu ganz hell, weißt du, so von innen! So schön war es noch nie, hat der Max gesagt.

Wenn es schneit, juchhe

Text: Rolf Krenzer · Musik: Reinhard Horn

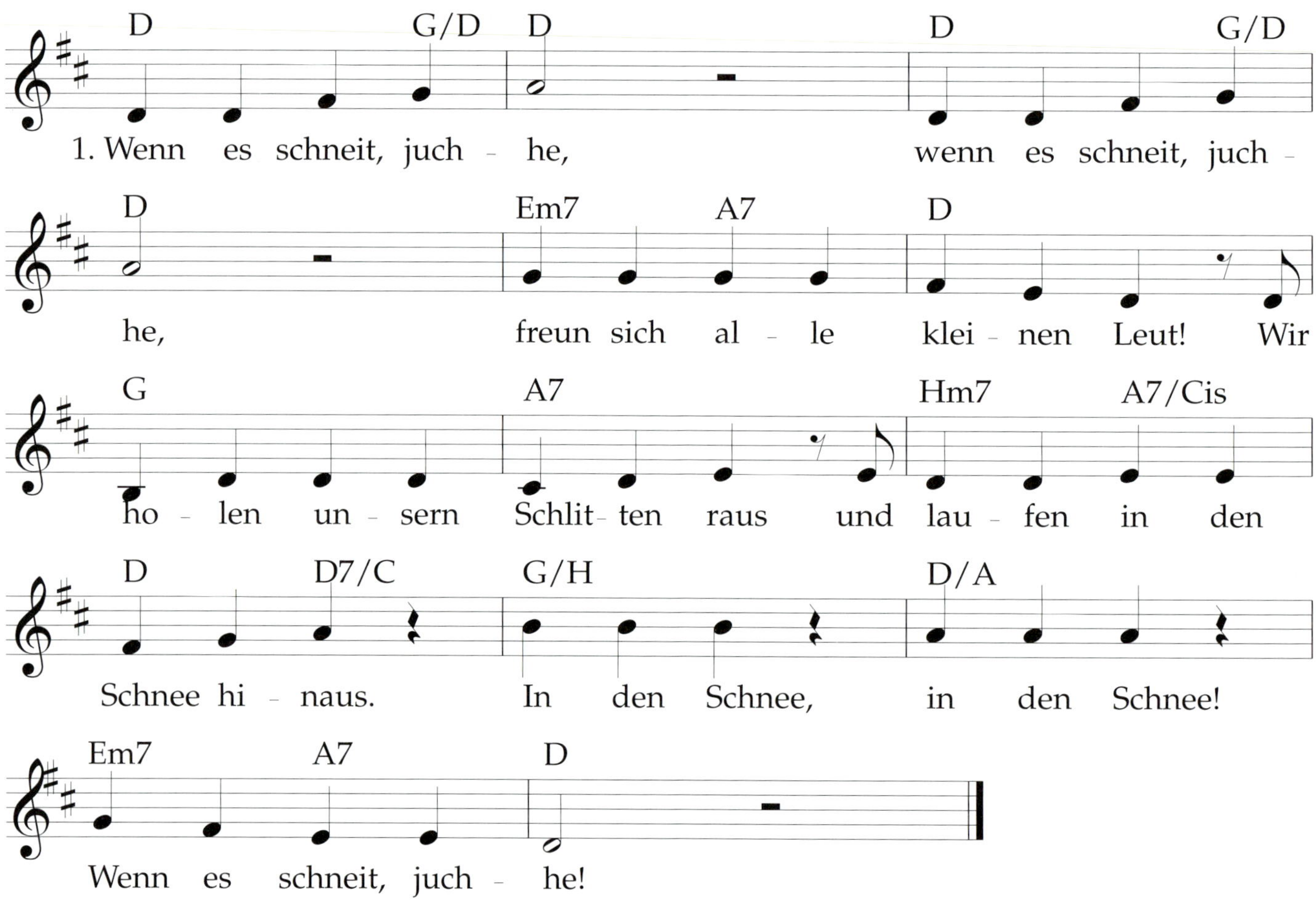

2. Wenn es schneit, juchhe,
wenn es schneit, juchhe,
freun sich alle kleinen Leut!
Gleich hinterm Haus am Gartenzaun
da wolln wir einen Schneemann baun
in den Schnee,
in den Schnee!
Wenn es schneit, ihr Leut, juchhe!

3. Wenn es schneit, juchhe,
wenn es schneit, juchhe,
freun sich alle kleinen Leut!
Wenn ihr uns zuseht, staunt ihr bloß:
Wir gehen auf zwei Skiern jetzt los
in den Schnee,
in den Schnee!
Wenn es schneit, ihr Leut, juchhe!

4. Wenn es schneit, juchhe,
wenn es schneit, juchhe,
freun sich alle kleinen Leut!
Aus Schnee soll unsre Höhle sein,
und alle passen dahinein
in den Schnee,
in den Schnee!
Wenn es schneit, ihr Leut, juchhe!

5. Wenn es schneit, juchhe,
wenn es schneit, juchhe,
freun sich alle kleinen Leut!
Zum Schluss gibt's eine Schneeballschlacht,
weil uns das allen Freude macht
in dem Schnee,
in dem Schnee!
Wenn es schneit, ihr Leut, juchhe!

Spielvorschlag

Zu den Strophen stellen wir alle zusammen dar, was wir im Schnee alles tun können. Es können noch viele Strophen hinzugefügt und in ein Spiel umgesetzt werden. Zuletzt können wir dann folgende Strophe noch singen und spielen:

Wenn es schneit, o weh,
wenn es schneit, o weh,
schimpfen alle großen Leut!
Sie schippen Weg und Straße frei,
dann kommt das Auto an die Reih,
von dem Schnee,
von dem Schnee!
Wenn es schneit, ihr Leut, o weh!

Die Geschichte von Anton, dem Schneemann

In der Nacht zum Samstag hatte es geschneit. Es lag am Morgen so viel Schnee im Garten, dass Claudia und Simon sofort einen Schneemann bauen wollten. Und weil Papa heute auch freihatte, half er ihnen dabei. Es wurde ein wunderschöner Schneemann. Mutti brachte noch einen alten Hut und den rot karierten Schal, den Papa nicht mehr tragen wollte. »Anton soll er heißen!«, riefen die Kinder, als er fertig war. Sie brachten noch eine lange Möhre und steckten sie ihm als Nase mitten ins Gesicht. Zwei kleine schwarze Steine waren die Augen, und aus roten Legosteinen machten sie seinen Mund. Als Papa zum Schluss noch einen Besen aus dem Keller holte und ihn dem Anton seitlich in den Bauch steckte, gab es wirklich weit und breit keinen schöneren Schneemann als Anton. So stand der Schneemann im Garten. Und viele Leute, die am Samstagnachmittag und am Sonntag vorbeikamen, blieben am Zaun stehen und bewunderten ihn. »Seht nur«, lachte Papa, »je lauter sie über ihn sprechen, umso stolzer blickt er in die Gegend. Mir kommt es vor, als wäre er noch ein Stück gewachsen!« »Unsinn!«, sagte Mutti. »Und außerdem ist es jetzt Zeit für das Abendbrot.« Am nächsten Morgen gegen halb elf wunderte sich Mutti über den ungewohnten Lärm vor dem Haus. Als sie nachschaute, standen alle Kinder aus Simons Kindergartengruppe zusammen mit ihrer Erzieherin vor dem Zaun und bestaunten Anton mit seinem rot karierten Schal. »Simon wollte uns unbedingt seinen Schneemann zeigen!«, sagte Frau Heinz und machte sogar ein Foto von Anton. Und als Claudia aus der Schule kam, hatte sie ihre Freundinnen überredet, beim Heimgehen noch einen Umweg an ihrem Garten vorbei zu machen. Schließlich gab es einen Schneemann wie Anton nur ein einziges Mal. Am nächsten Tag aber regnete es. Es regnete so stark, dass schnell aller Schnee dahin war. Als die Kinder nach Hause kamen, war von Anton keine Spur zu sehen. Nur eine riesige Pfütze erzählte davon, dass er dort einmal gestanden hatte. »Wer hat denn den Hut und den Schal weggetan?«, fragte Claudia, als sie traurig aus dem Fenster sah. »Du, Mutti?« »Ich?« Mutti schüttelte entsetzt den Kopf. »Ich laufe doch nicht in diesen aufgeweichten Garten hinaus. Ich bin froh, wenn ich hier drinbleiben kann!« – »Und der Besen?«, fragte Simon. »Wo ist sein Besen?« – »Er kann doch nicht einfach fort sein!«, meinte nun auch Mutti und wunderte sich. Als sie Papa später fragten, konnte er es ihnen auch nicht sagen.

Weil ihm die Sache aber zu dumm vorkam, zog er Mantel und Stiefel an und sah sich selbst im Garten um. Mutti und die Kinder sahen ihm hinter der Fensterscheibe nach.

Als er zurückkam, lachte er und forderte sie auf, gleich mitzukommen. »Wenn es so stark regnet, gehen wir nicht in den Garten!«, erklärte Mutti sofort. Doch Papa zog Mantel und Stiefel an und ging zur Kellertreppe. »Jetzt möchte ich nur noch wissen, wer gestern die Kellertür nicht geschlossen hat!«, hörten sie ihn sagen, als sie hinter ihm die Treppe hinuntergingen.
»Waren Einbrecher da?«, fragte Claudia ganz aufgeregt. »Kann man so sagen!«, antwortete Papa ruhig und blieb an der Kellertür stehen. Da sahen sie es alle. Vom Keller führte eine Tür nach draußen. Die Tür stand offen. Und in der Tür, so dass ihn der Regen nicht erreichen konnte, stand Anton, der Schneemann, in voller Größe und lachte sie an. Lange standen die Kinder da und wussten nicht, was sie dazu sagen sollten. Auch Mutti hatte es die Sprache verschlagen. Schließlich zeigte Simon auf Antons Mund und sagte: »Als wir ihn gebaut haben, hat er nicht gelacht!« Papa und Claudia nickten. Sie konnten sich genau daran erinnern, dass sie die roten Legosteine in einer geraden Reihe in sein Gesicht gesteckt hatten. Und jetzt kam es ihnen so vor, als würden seine Augen wieder ganz besonders glänzen. »Anton, Anton!«, sagte Papa und drohte ihm scherzend mit dem Finger. »Du führst uns an der Nase herum!« Natürlich waren die Kinder froh, dass Anton den Regen überlebt hatte. Und hier im Keller würde er es sicher noch ein paar Tage länger aushalten. »Gut!«, sagte Papa schließlich. »Er darf hier stehen bleiben, bis er getaut ist.« Er nickte Mutti zu. »An Anton traut sich kein Einbrecher vorbei. Vielleicht passt er besser auf als die Wach- und Schließgesellschaft!« Dann wandte er sich den Kindern zu: »Wehe euch, wenn ihr irgendjemand auch nur ein einziges Wort von unserem Schneemann im Keller erzählt!«, sagte er. »Uns hält dann doch jeder für verrückt!« Die Kinder nickten und sahen heimlich zu Anton hin, der ganz unverschämt grinste. Noch mehr als vorhin. Am nächsten Morgen, was soll ich euch sagen, da hatte es wieder geschneit. Und als die Kinder aus dem Fenster sahen, da stand Anton, ihr Schneemann, wieder dort im Garten, wo er vorher auch gestanden hatte. So, als wäre nichts geschehen. Nur sein Grinsen war noch unverschämter.

Rätselraten im Januar

Zuerst musst du dich sehr bemühen,
um mich den Berg hinaufzuziehen.
Doch wenn du oben bist, mein Kind,
denn setz dich auf mich ganz geschwind
und lenke gut. Wir fahren munter
zusammen dann den Berg hinunter.

Schlitten

Frieren Seen und Bäche zu,
schnall mich unter deine Schuh.
Ringsherum ist alles weiß.
Du fährst mit mir auf dem Eis.
Dieses Schlittern macht dich froh,
aber fall nicht auf den Po!
Übers Eis saus ich dahin.
Rate, rate, wer ich bin.

Schlittschuh

Manchmal komme ich über Nacht.
Falle vom Himmel leis' und sacht.
Die Dächer, Zäune und Kirchturmspitzen
bekommen dicke, weiße Mützen.
Da freun sich alle Kinder,
denn jetzt ist richtig Winter.

Schneeflocken

Februar

Heute Nacht hat es wieder gefroren, und jetzt, als die Kinder zum Kindergarten kommen, ist es draußen bitterkalt. Fast alle sind mit dem Auto gebracht worden. Aber im Auto ist es auch noch nicht so richtig mollig warm gewesen. Gut, dass die Heizung im Kindergarten auf Hochtouren läuft. Da stellen sie heute ihren Stuhlkreis im Bogen um die Heizung herum auf. »Im Flur hatten wir heute Morgen sogar Eisblumen an den Scheiben!«, sagt Susi. »Und wir haben eine dicke Decke vor das Fenster in meinem Zimmer gelegt!«, fügt Paul hinzu. »So sehr hat es gezogen!« – »Wir haben um unseren Kachelofen herumgesessen!«, berichtet Anna. »Das war gemütlich, und heute Morgen habe ich da meine heiße Milch getrunken. Aber draußen war es dann doch kalt!«, sagt sie leise. »Leider!« – »Und wir haben uns den Schnee und das Eis so sehr gewünscht!«, meint Philipp. »Das gehört alles zum Februar!«, ruft Marion. »Genau wie der Fasching!« Kaum ist das Wort Fasching gefallen, da ist die Kälte draußen vergessen. Sie freuen sich ja alle bereits so darauf. »Gibt es wieder Würstchen?« – »Und Faschingskrapfen?« – »Machen wir wieder eine Kinderbowle?« – »Spielst du wieder auf dem Akkordeon oder haben wir CDs?« – »Gibt es auch wieder Spiele und Preise?« Frau Müller hat Mühe, die vielen Fragen zu beantworten. »Wartet's nur ab!«, sagt sie schließlich. »Es dauert ja nicht mehr lange!«

Der Zappelphilipp Sapperlot

Der Zappelphilipp Sapperlot,
der fängt ganz einfach an.
Der Zappelphilipp Sapperlot,
der zeigt uns, was er kann.

Ob er mit den Beinen zappeln kann?

Der Zappelphilipp Sapperlot,
der fängt ganz einfach an.
Er zappelt mit den Beinen
und zeigt uns, was er kann.

Ob er mit den Füßen zappeln kann?

Der Zappelphilipp Sapperlot,

der fängt ganz einfach an.
Er zappelt mit den Beinen,
er zappelt mit den Füßen
und zeigt uns, was er kann.

Ob er mit den Hüften zappeln kann?

Der Zappelphilipp Sapperlot,
der fängt ganz einfach an.
Er zappelt mit den Beinen,
er zappelt mit den Füßen,
er zappelt mit den Hüften
und zeigt uns, was er kann.

Ob er mit den Armen
zappeln kann?

Der Zappelphilipp Sapperlot,
der fängt ganz einfach an.
Er zappelt mit den Beinen,
er zappelt mit den Füßen,
er zappelt mit den Hüften,
er zappelt mit den Armen
und zeigt uns, was er kann.

Ob er mit den Händen zappeln kann?

Der Zappelphilipp Sapperlot,
der fängt ganz einfach an.
Er zappelt mit den Beinen,
er zappelt mit den Füßen,
er zappelt mit den Hüften,
er zappelt mit den Armen,
er zappelt mit den Händen
und zeigt uns, was er kann.

Und so geht es weiter:

Ob er mit den Fingern zappeln kann?
Mit dem Kopf dann ...
Mit dem Bauch noch ...
Mit dem Po dann ...
Mit dem Körper ...

Und zum Schluss:

Dem Zappelphilipp Sapperlot,
dem fällt es jetzt so schwer.
Der Zappelphilipp Sapperlot
fällt um und kann nicht mehr.

Spielvorschlag
Die Bewegungsanregungen können in voller Länge oder gekürzt von allen gesprochen und ausgeführt werden. Zum Schluss sitzen wir auf dem Po und ruhen uns aus.

Maxens Papa und Oles Mutti

Heute Morgen sitzen plötzlich zwei Indianer beim Morgenkreis im Kindergarten. Alle Kinder staunen. Ole und Max haben sich heimlich auf dem Klo umgezogen. »Aber es dauert noch ein bisschen bis zum Fasching!«, sagt Frau Müller lachend. »Im Februar ist an jedem Tag Fasching!«, antwortet Ole. »Das hat mein Papa selbst gesagt!« – »Aha!«, lacht Frau Müller. »Da geht es jetzt bei euch zu Hause wohl richtig lustig zu.« Max nickt. »Oles Papa macht immer Witze!«, sagt er. »Er hat auch gesagt, dass wir uns heute als Indianer verkleiden sollen!« Max ist Oles bester Freund. Er wohnt allein bei seiner Mutter. Er ist gern bei Ole zu Besuch, weil Ole einen Papa hat und der sich immer freut, wenn Ole kommt. Max wünscht sich so sehr, dass sein eigener Papa da wäre. Er kennt ihn nicht einmal. So einen Papa wie Oles Papa, den wünscht sich Max. Dann muss er plötzlich an Mutti denken. Als sie ihr am Wochenende von den Indianerkostümen erzählt haben, da hat sie sich am Samstag an die Nähmaschine gesetzt und all das geschneidert, was Max und Ole heute anhaben. Für ihn und für Ole hat sie das gemacht, weil Ole sein bester Freund ist. So ist Mutti! Nein, so eine tolle Mutti hat Ole nicht! Max hat auf einmal richtig Mitleid mit seinem Freund. Seine Mutti hat noch nicht einmal eine Nähmaschine. Und nähen kann sie auch nicht. Gut, dass sie beide, Ole und Max, Oles Papa und seine Mutti haben. Da tut es richtig gut, dass alle Kinder ein bisschen neidisch auf die schönen Indianerkleider sind. Und es macht ihnen auch nichts aus, dass sie sie wieder im Klo ausziehen und ihre anderen Sachen anziehen sollen. Schließlich ist bald Fasching. Dann werden sie den ganzen Tag lang im Kindergarten Indianer sein.

♫ Maskenball

Text: Rolf Krenzer · Musik: Reinhard Horn

Refrain:

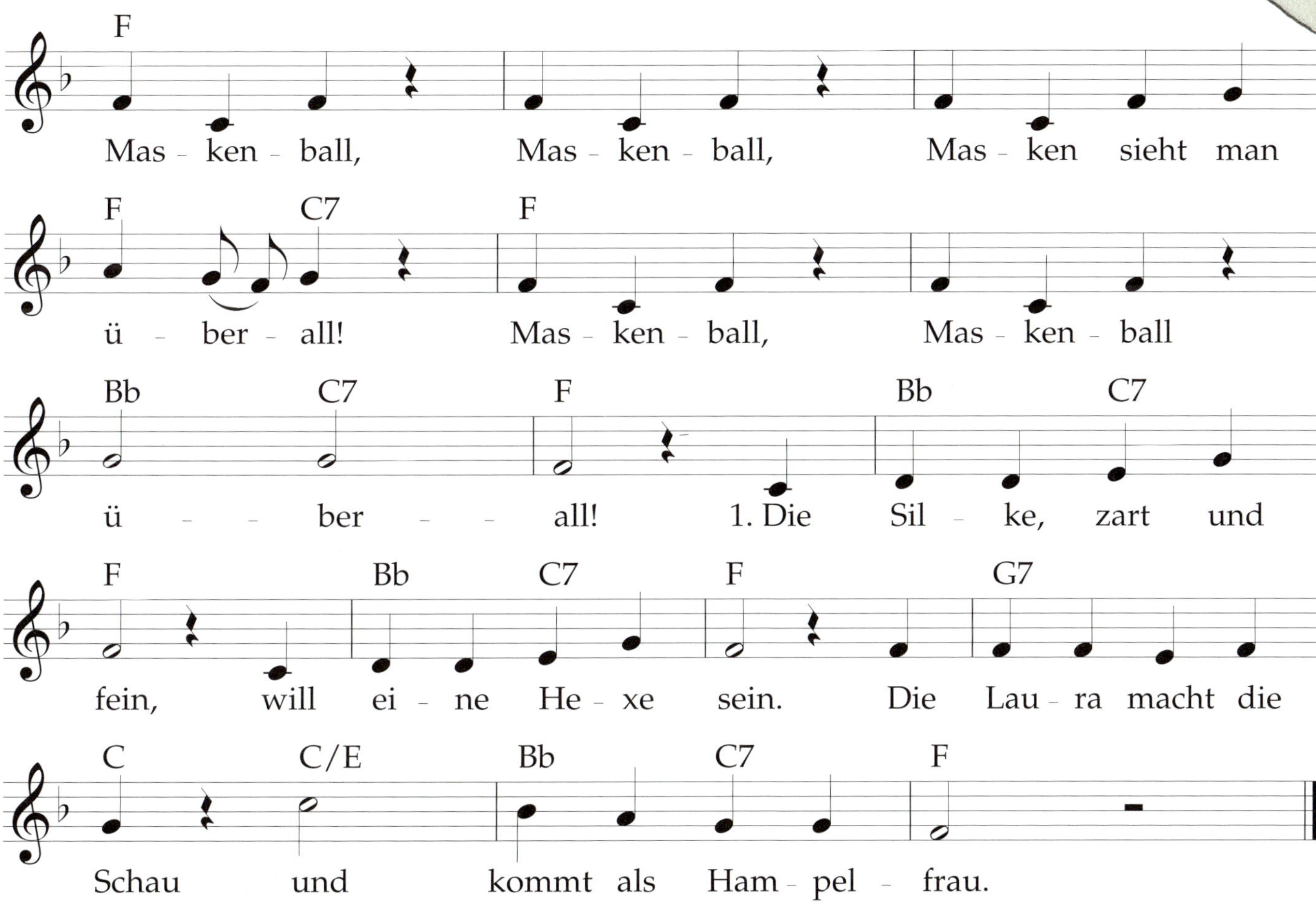

2. Und Tommy, ja der ist
heut Fastnachtspolizist.
Der Kevin kommt zum Trotz
als Räuber Hotzenplotz.

3. Und Marvin, schaut ihn an,
kommt als Chinesenmann.
Ein Cowgirl ist die Ruth
mit einem Cowgirlhut.

4. Der Till kommt, wie man weiß,
vom Raumschiff Enterprise.
Und Ulli kommt daher
als dicker brauner Bär.

5. Karl-Heinz hüpft immerzu.
Er ist heut Känguru.
Die hübsche Marylin
kommt heut als Pinguin.

6. Und Sportler sind zu sehn
von neunzehnhundertzehn.
Zu Kerstin alle schaun.
Sie ist der schönste Clown.

7. Und Micky lacht so froh:
»Ich bin ein Eskimo!«
Ein Zauberer ist Klaus
und sieht ganz seltsam aus.

8. Jetzt kommen immer mehr
Piraten noch daher.
Wir geben uns die Hand.
So ziehen wir durchs Land.

9. Da freun sich alle Leut,
denn Maskenball ist heut.
Da freun sich alle Leut,
denn Maskenball ist heut.

Ohne Masken und Kostüme ein anderer sein – Verzaubern

Jedes Kind möchte gern immer wieder in eine andere Haut schlüpfen, jemand anderes sein. Wir brauchen nicht einmal Masken und Kostüme dazu, sondern nur einen Zauberer, der uns sagt, in was wir uns verzaubern sollen. Schon geht es los. Dabei ist es wichtig, darauf zu achten, dass ein Wechsel zwischen lauten und wilden Darstellungen und ganz zarten Verzauberungen entsteht. Wenn der Zauberer laut in die Hände klatscht, ist ein Zauber vorbei und der nächste beginnt.
»Ich verzaubere euch, ich verzaubere euch … in wilde Löwen!«
»Ich verzaubere euch, ich verzaubere euch … in Seifenblasen!«
»Ich verzaubere euch, ich verzaubere euch … in Hexen auf ihren Hexenbesen!«
… in Luftballons, in Krokodile, in Schneeflocken.

Zum Schluss: In einen Regenbogen.
Dann stehen wir eng nebeneinander, recken die Arme hoch und zeigen den großen Regenbogen, der von einer zur anderen Seite reicht. Wir können auch darauf achten, dass Kinder, die ähnlich farbige Hemden usw. tragen, nebeneinander stehen. Es können auch einzelne Kinder verzaubert werden, jedes in etwas anderes.

Frühstücken mit Papa

O weh, Papa hat seine Kaffeetasse umgeworfen! »Laupa!«, ruft er sogleich. »Ich wollte nur die Mosendilch in die Taffeekasse gießen!« »Ich hole einen Lappen!«, ruft Paula und springt. »Ja«, schreit Papa hinter ihr her, »bring einen Lappwaschen und ein Tockentruch mit!« Zusammen mit Mama säubert Paula Papas Platz und Papa sagt zufrieden: »Schankedön!« -Wie bitte?«, fragt Paula. »Derzlichen Hank!«, antwortet Papa. Paula sieht zuerst zu Papa und dann zu Mama hinüber. Doch Mama ist so sehr damit beschäftigt, ihr Brot zu bestreichen, dass sie gar nicht aufsieht. »Reichst du mir mal die Weberlurst und die Larmemade!«, bittet Papa. »Und dann bitte noch die Gargamine und den Zürfelwucker!« Jetzt hält es Paula nicht länger aus. Sie prustet los. »Was sagst du denn für Dummheiten, Papa?«, fragte sie und kann kaum sprechen. – »Ich?«, fragt Papa und zeigt auf seine kleine Tochter: »Du machst doch die Hummdeiten am Tüchenkisch! Hör sofort mit dem Legächter auf, Laupa!« Als Paula zu Mama hinüberblickt, sieht sie, dass Mama auch über Papa lacht. »Macht euch nur über mich tuslig!«, sagt Papa schließlich. »Ich mache jetzt einen Gazierspang zur Keisespammer und zum Schrülkank und hole euch den Tenfsopf, damit ihr endlich mit dem albernen Legächter aufhört!« – »Was hat er heute nur?«, fragt Paula unter Lachen, als Papa aus dem Zimmer gegangen ist. »Er hat heute Morgen Post bekommen!«, sagt Mama und wischt sich auf einmal Tränen aus den Augen. »Ab 1. März ist er nicht mehr arbeitslos!« – »Er hat wieder Arbeit«, schreit Paula und springt von ihrem Stuhl. »Deshalb ist er so lustig!« Sie zieht Mama vom Stuhl und tanzt mit ihr um den Tisch herum. »Was ist denn jetzt los?«, fragt Papa, als er hereinkommt. »Wir sind keine Vechpögel mehr!«, antwortet Mama. Und Paula lacht übermütig: »Jetzt sind wir echte Kücksglinder!«

Piraten, Piraten

Ein Theaterspiel mit Lied für die Faschingsfeier

Text: Rolf Krenzer · Musik: Reinhard Horn

Wir können die gesamte Faschingsfeier unter das Thema PIRATEN stellen. Das ist deshalb für alle recht einfach, weil man für die Piraten hauptsächlich alte Hemden, Hosen, Kleider, Stirnbänder, Hüte und allerlei Lumpen braucht.
Natürlich haben die Piraten Säbel, Schwerter und Musketen aus Papier, Plastik oder Holz. Eine Kanone lässt sich aus Kartons, einer Papprolle, Silberpapier, Alufolie usw. zusammenbauen. Vielleicht lässt sich sogar eine richtige Konfetti-Kanone ausleihen. Einer trägt eine Binde über einem Auge, der andere hat ein Holzbein, ein dritter hat einen Korkenzieher, der statt der Hand unter dem Ärmel seiner Jacke herauskommt. Natürlich sind auch viele Seeräuberfrauen dabei, wenn sie sich nicht auch als Seeräuber verkleiden wollen.
Eine zweite Gruppe stellt Matrosen dar. Sie tragen blaue Hosen, weiße Hemden und ein blaues Käppchen auf dem Kopf.
Zu dem Piratenlied können wir ein kleines Spiel gestalten.

Refrain:

Em H7
Pi - ra - ten, Pi - ra - ten, sie kom - men ü - bers
Em Em H7
Meer! Pi - ra - ten, Pi - ra - ten, die ru - dern
Em C D
kreuz und quer. Ma - tro - sen, Ma - tro - sen, be -
Em Am H7 Em
eilt euch sehr! Uns kom - men die Pi -
H7 Em H7
ra - ten schon hin - ter - her! He - a - he - a -
G Em
he - a! Ho - a - ho - a - ho - a! He - a - he - a -
H7 Em
he! Pi - ra - ten auf ho - her See!

2. Der eine schwingt den Säbel,
der andere zieht sein Schwert.
Auch der mit der Muskete
ist sehr bemerkenswert.
Sie laden die Kanonen
und stellen sie bereit.
Beeilt euch doch, Matrosen,
es ist jetzt höchste Zeit,
eins, zwei, drei, vier!
Es ist jetzt höchste Zeit!

3. Und sind wir doch entkommen,
dann fluchen sie vor Wut.
Dann toben sie und schreien
und sind sich selbst nicht gut.
Sie kriechen in die Höhle
auf ihrer Insel dann
und sehn sich ihre Beute
vom letzten Raubzug an,
eins, zwei, drei, vier!
Vom letzten Raubzug an.

4. So ist der Schatz für immer
und allezeit versteckt
und die Pirateninsel
bis heut noch nicht entdeckt.
Doch fahrn wir mal zusammen
aufs weite Meer hinaus,
dann finden wir die Insel
und graben ihn dort aus,
eins, zwei, drei, vier!
Und graben ihn dort aus.

Spielvorschlag

Sechs bis acht Spieler sitzen mit gegrätschten Beinen eng hintereinander und bilden so das Boot mit den Piraten. Die Arme sind die Ruder. Wir versuchen nun, uns auf dem Boden gemeinsam vorwärts zu bewegen. Wir können auch eine oder mehrere Decken oder Pappe als Unterlage verwenden und uns draufsetzen. Zum Refrain kann es einen Piraten-Tanz geben. Auch für die Matrosen können wir uns einen Tanz ausdenken. Dann spielen wir das, was in den Strophen erzählt wird. Seeräuberschiffe lassen sich auch aus Karton ausschneiden. So können auf der Schattenspielbühne zu dem Lied die Schiffe auf dem Meer fahren.

? Faschingsrätsel

Verkleiden kannst du dich als ...

Ich trage schwarze Kleider
und steige euch aufs Dach.
Damit der Schornstein richtig zieht,
schau ich dort oben nach.

Schornsteinfeger

Ich backe Brot und feine Kuchen.
Die Brötchen solltet ihr versuchen!
Ihr kauft sie hier so knackig frisch.
Nun sagt mir schnell: Wie heiße ich?

Bäcker

Ich habe eine Tasche
und schreib Rezepte aus.
Und wenn du einmal krank bist,
komm ich zu dir nach Haus.

Arzt

Fleisch und Wurst gibt es bei mir.
Frischen Schinken hab ich hier.
Fleisch zum Kochen und zum Braten,
auch die Wurst ist gut geraten.
Komm zu mir und kaufe ein.
Sag mir: Wer mag ich wohl sein?

Metzger, Fleischer, Schlachter

Ich fahre täglich immerzu
für euch Pakete aus
und schleppe wie ein Känguru
die Post von Haus zu Haus.

Postbote, Briefträger

März

Mitten im Spiel hält Susi plötzlich ihre Hand hoch und blickt wie gebannt auf ihren Zeigefinger. »Was ist los, Susi?«, fragt Andrea. »Tut dir etwas weh?« Susi schüttelt kaum merklich ihren Kopf. »Da!«, flüstert sie und hält Andrea ihre Hand hin. Da ist auch Andrea ganz still und blickt unverwandt wie Susi auf die Hand. Jetzt ist auch Frau Müller aufmerksam geworden. »Was habt ihr zwei denn?«
»Ein Marienkäfer!«, sagt Andrea staunend. »Mitten im Winter ein Marienkäfer!« Schon stehen die Kinder eng um Susi herum. »Vielleicht einer, der letzten Sommer übrig geblieben ist!«, meint Philipp. »Oder er hat die ganze Zeit geschlafen und ist jetzt plötzlich aufgewacht!«, sagt Paula. »Vielleicht hat er in den Blumen auf der Fensterbank überwintert?« Frau Müller weiß auch keine Antwort. »Er ist der erste Marienkäfer in diesem Jahr!«, sagt Susi und hält ihren Finger hoch in die Luft. »Und außerdem ist jetzt bald Frühling!« Da öffnet der kleine Käfer seine Flügel weit und fliegt schnurstracks zu den Blumen auf der Fensterbank. Und als die Kinder ihm nachschauen, müssen sie plötzlich blinzeln. Ja, die erste Frühlingssonne scheint ihnen mitten in die Augen hinein. »Im März muss der Winter gehn!«, sagt Frau Müller. »Und dann kommt der Frühling!«, rufen die Kinder und freuen sich. »Wir haben schon Blumen im Garten!«, sagt Philipp. »Märzenbecher, Krokusse und Schlüsselblumen!« – »Und wir gehen heute alle zur Pause hinaus!«, ruft Frau Müller. »Aber zieht eure Mäntel und Jacken an! So viel Kraft haben die Sonnenstrahlen noch nicht!«

Zieht schon bald der Frühling ein?

Schneeglöckchen im Wald
läuten leise: Bald
wird es nicht mehr Winter sein,
denn dann zieht der Frühling ein!
Freut euch, Kinder! Bald
ist es nicht mehr kalt!

Tulpen fangen dann
bald zu blühen an.
Aus dem Garten vor dem Haus
leuchtet's rot und gelb hinaus.
Freut euch, Kinder! Dann
fängt der Frühling an!

Heller Sonnenschein
dringt zu uns herein.
Frühling liegt heut in der Luft
und die Welt voll Blumenduft.
Was kann schöner sein,
zieht der Frühling ein!

Wer bleibt da im Haus?
Kommt zu mir heraus!
Singt und lasst uns fröhlich sein
heut im Frühlingssonnenschein.
Lacht den Winter aus
und jagt ihn nach Haus!

Fabian und der erste warme Märztag

Am Sonntag ist der letzte Schnee getaut. Gestern hat es noch geregnet. Aber heute Morgen scheint die Sonne durchs Fenster herein und kitzelt Fabian mit ihren warmen Strahlen an der Nase. »Jetzt ist wirklich auf einmal der Frühling da!«, lacht Mutti. Und als Fabian aus dem Bett springt und zum Fenster läuft, sieht er mit Staunen, dass keine einzige Wolke am Himmel ist. Der Himmel ist blau wie voriges Jahr im Sommer. »Jetzt brauche ich die lange Hose nicht mehr!«, ruft Fabian und geht zum Kleiderschrank. Dort hängt die schicke blaue kurze Hose, die Mutti vorige Woche für ihn gekauft hat. Aber Mutti schüttelt den Kopf. »Ein bisschen musst du noch warten!«, sagt sie. »Wenn die Sonne zu uns durch das Fenster scheint, ist es hier drin warm. Aber draußen ist es noch nicht warm genug, um in kurzen Hosen herumzulaufen.« Zuerst murrt Fabian noch etwas. Aber dann lässt er sich doch überreden und zieht heute noch einmal die langen Hosen an. Fabian geht jeden Morgen allein zum Kindergarten. Er holt seinen Freund Felix in der Burgstraße ab und dann gehen sie zusammen. Als Fabian heute Morgen zu Felix kommt, steht Felix bereits vor der Tür und wartet auf ihn. »Es ist heute so warm!«, lacht Felix. »Ich habe meine neue kurze Hose angezogen!« Fabian hat das längst entdeckt. »Ich ziehe morgen auch meine kurze Hose an!«, sagt er bestimmt und ärgert sich ein bisschen über seine Mutter. Unterwegs treffen sie Constanze und Alina. Constanze hat ihren roten Rock angezogen. Und Kniestrümpfe! Und Alina trägt kurze Hosen. So blaue Hosen wie die, die jetzt zu Hause in Fabians Kleiderschrank liegen. »Hast du keine kurze Hose?«, fragt Alina. »Viel schönere als du!«, antwortet Fabian genervt. »Und viel blauere!« – »Dann zieh sie doch an!«, lacht Alina und ist gar nicht böse. »Es ist ihm noch zu kalt dazu!«, meint Felix und streicht mit den Händen über seine blanken Beine. »Frierlappen!«, lacht Constanze und geht weiter. Fabian läuft ärgerlich hinter ihr her. Aber da sind sie bereits am Kindergarten angelangt. »Ist das heute ein schöner Tag!«, sagt Frau Bahl und gibt allen die Hand. »Auf einmal ist der Frühling da!« Fabian stellt fest, dass Frau Bahl heute Morgen bereits ihr gelbes Sommerkleid angezogen hat. Er kennt es noch vom letzten Jahr. Sie trägt weiße Socken in ihren Sandalen. Als Fabian sich heimlich umsieht, stellt er fest, dass er der Einzige ist, der noch in langer Hose gekommen ist. Wirklich, der Einzige! Jetzt ist Fabian nicht nur ärgerlich. Jetzt ist er auch traurig. Frau Bahl hat es bemerkt und legt den Arm um ihn. »Morgen hast du sicher auch eine kurze Hose an!«, sagt sie und drückt ihn ganz leicht an sich. »Morgen ist es vielleicht wieder kalt!«, meint Felix. Aber dann läuft er ganz schnell davon, denn er weiß, dass Fabian leicht wütend werden kann. »Morgen ist es genauso schön wie heute!«, lacht Frau Bahl. Und dann setzen sich alle in den Kreis, um ein Frühlingslied zu singen. Später gehen sie nach draußen. Sie machen sogar alle zusammen einen kleinen Spaziergang bis zur großen Wiese. »Seht nur die vielen Veilchen!«, sagt Frau Bahl. »Jetzt sind schon viele aufgegangen. Und wenn es morgen und übermorgen wieder so warm ist, dann blühen immer mehr!« Fabian kann sich nicht so recht über die Veilchen freuen. Er muss immer wieder an seine schöne blaue Hose denken. Alle anderen Kinder werden heute schon ein bisschen braun werden und heute Mittag schon etwas braune Beine haben. Aber seine Beine werden weiß bleiben. Weiße Winterbeine. Nur deshalb, weil ihm Mutti nicht erlaubt hat, die neue kurze Hose anzuziehen. Fabian macht ein ganz böses Gesicht. Nein, heute ist Fabian nicht gut gelaunt. Deshalb geht er heute auch allein aus dem Kindergarten nach Hause. Als Felix losgeht, dreht sich Fabian einfach weg. Er trödelt im Kindergarten herum, bis Frau Bahl meint: »Jetzt musst du dich aber beeilen, Fabian! Deine Mutter wird schon auf dich warten!« – »Soll sie doch warten!«, sagt Fabian. Aber er sagt es so leise, dass Frau Bahl es nicht hören kann. Dann zieht er endlich los. Als er durch die Fußgängerzone geht, staunt er. Alles ist verändert. Vor dem Eiscafé stehen wieder die Stühle und Tische draußen wie vorigen Sommer. Und auf den Stühlen sitzen die Leute. Sie haben ihre Mäntel und Jacken ausgezogen und lassen sich von der Sonne wärmen. Große Eisbecher stehen auf den Tischen vor ihnen. Ein paar Frauen tra-

gen bereits Sonnenbrillen und eine junge Frau hat sogar ihre Bluse ausgezogen. Sie trägt einen roten Bikini. Sie hat sich in einem Sessel weit zurückgelehnt und ihre Beine vor sich auf einen Stuhl gelegt. Es ist wie im Sommer. Auch am Springbrunnen sitzen viele junge Leute. Ein paar haben ihre Blusen ausgezogen wie die Frau im Eiscafé. Ihre Strümpfe und Schuhe liegen im Gras. Fabian schwitzt in seiner langen Hose. Er schwitzt so, dass er es fast nicht mehr aushalten kann. Das liegt nur an dieser dummen langen Hose. Seine Jacke hat

Fabian längst ausgezogen. Und die Ärmel von seinem Hemd hat er sich auch hochgewickelt. Aber die Beine schwitzen immer noch. Da fällt Fabian plötzlich ein, dass ihm Mutti heute Morgen die rote Unterhose gegeben hat, die sie vorige Woche zusammen mit der kurzen Hose für ihn gekauft hat. Fabian sieht sich nach allen Seiten um. Das Mädchen drüben am Springbrunnen trägt knallrote Shorts. So knallrot wie seine Unterhose. Und der Junge, der sich gerade ein Eis gekauft hat, hat eine kurze Hose an, die noch kürzer ist als Fabians Unterhose. Da wartet Fabian nicht mehr länger. Blitzschnell läuft er zu dem dicken Kastanienbaum, schaut sich vorsichtig noch einmal nach allen Seiten um, achtet darauf, dass ihm niemand zusieht, und zieht einfach seine lange Hose aus. Es macht ein bisschen Mühe, sie über die Schuhe zu ziehen. Aber Fabian schafft es. Dann rollt er die lange Hose zusammen und klemmt sie sich unter den Arm. Etwas seltsam ist es schon, in Unterhosen herumzulaufen. Doch wenn Fabian sich umsieht, stellt er zufrieden fest, dass kein Mensch nach ihm guckt. Nein, es fällt überhaupt nicht auf. Es ist eben eine ganz moderne kurze rote Hose. Und jetzt schwitzt Fabian auch nicht mehr an den Beinen. Vielleicht werden sie sogar auch noch ein bisschen braun. »Wie siehst du denn aus?«, fragt seine Mutter, als er nach Hause kommt. »Es war mir zu heiß!«, sagt Fabian. Er blickt unter sich. Es könnte ja sein, dass seine Mutter jetzt ärgerlich wird. Schließlich hat sie ja heute Morgen so auf der langen Hose bestanden. »Ganz moderne Shorts sind das!«, sagt Mutti und lacht. »Schade, dass ich nicht mehr so herumlaufen kann!« – »Hast du das früher auch so gemacht?«, fragt Fabian und sieht sie erwartungsvoll an. Sie nickt und lacht. Und sie hält seine kurze neue blaue Hose in der Hand. »Aber die blaue Hose ist noch schöner!«, sagt sie. Als Fabian dann die neue Hose anzieht, entdeckt er, dass seine Mutter auch ein Sommerkleid angezogen hat. Und sie trägt noch nicht einmal Strümpfe in ihren Sandalen. Da zieht Fabian auch ganz schnell seine Schuhe und Strümpfe aus. Neue Sandalen hat seine Mutter nämlich vorige Woche auch für ihn gekauft.

Der Samen in der Erde

Blumenlied

Text: Rolf Krenzer · Musik: Reinhard Horn

2. Ich stehe hier und warte,
wo wohl die Pflanze bleibt
und Blätter, grüne, zarte,
nun aus der Erde treibt.

3. Doch jetzt ist es geschehen:
Die Pflanze, zart und klein,
lässt sich auf einmal sehen
und wächst im Sonnenschein.

4. Nun wächst sie alle Tage
– und sie beeilt sich sehr –
bei jeder Wetterlage
ein kleines Stückchen mehr.

5. Schon kann sie Knospen tragen.
Ich warte so darauf.
Da springt nach ein paar Tagen
die erste Knospe auf.

6. Ich kann es kaum erwarten,
bis meine Blume blüht.
Kommt mit mir in den Garten,
damit sie jeder sieht.

7. Die Bienen und die Hummeln,
die kommen jetzt zu ihr.
Sie summen und sie brummeln
und freuen sich mit mir.

8. Und Schmetterlinge fliegen
herbei im Sonnenschein.
Sie lässt vom Wind sich wiegen.
Sagt, was kann schöner sein?

Spielvorschlag

Im Spiellied versuchen wir, das nachzuvollziehen, was Jahr für Jahr immer wieder neu in unserer nächsten Umgebung geschieht. Im März beginnt langsam die Natur zu erwachen. Wir zeigen zunächst, wie der Samen keimt und die Pflanze langsam nach oben wächst. Wenn sich dann ihre Knospen öffnen, zeigen wir die Blüten, die daraus entstehen. Und später kommt immer mehr Besuch zu unserer Blume. Dann ist es richtig Frühling geworden.

Spielst du mit?

Spiele mit dem Ball

Kaum ist es warm genug, um draußen zu spielen, kommen die Kinder bereits mit den Bällen heraus. All die vielen schönen Ballspiele, die bereits unsere Eltern und Großeltern spielten, werden in jedem Frühjahr wieder neu entdeckt.

Wächter vor der Burg

Wir bauen eine Burg aus Konservendosen oder Holzsteinen. Vor der Burg stehen zwei Kinder als Wächter. Nun versuchen die übrigen Kinder, mit einem weichen Ball die Burg umzuwerfen. Die Wächter sollen versuchen, den Ball aufzufangen. Wer die Burg trifft, tauscht die Rolle mit einem Wächter.

Ballhaschen

Wir bilden einen großen Kreis um ein Kind. Nun wird ein Ball kreuz und quer durch den Kreis gerollt. Das Kind in der Mitte muss ständig versuchen, den Ball zu haschen oder wenigstens zu berühren. Wenn ihm das gelingt, darf es den Platz mit dem Kind tauschen, das zuletzt den Ball gerollt hat.
Eine andere Möglichkeit: Der Ball wird nicht gerollt, sondern geworfen.

Neckball

Wir stehen im Kreis und halten die Arme hinter dem Rücken verschränkt. Der Spielleiter wirft einem Kind den Ball zu. Es fängt ihn auf und wirft ihn wieder zurück. Beim nächsten Kind tut der Spielleiter nur so, als wolle er den Ball werfen.
Wenn das Kind nun gleich die Hände nach vorn nimmt, um den vorgetäuschten Ball einzufangen, scheidet es aus. Hält es seine Hände weiterhin auf dem Rücken fest, ist es nicht auf das Necken hereingefallen und kann weiterspielen. Wer bis zuletzt übrig bleibt, hat gewonnen und darf in der nächsten Runde werfen.

Klatschball

Wir bilden einen möglichst großen Kreis, in dessen Mitte der Spielleiter steht. Er ruft nun den Namen eines Mitspielers auf und wirft ihm den Ball zu. Der Spieler aber muss, bevor er den Ball auffängt, zuerst einmal in die Hände klatschen, so dass es deutlich zu hören ist. Dann wirft er den Ball zum Spielleiter zurück. Wenn er aber vergisst, vorher in die Hände zu klatschen, oder wenn er der Ball fallen lässt, muss sich der betreffende Spieler auf den Boden setzen. Wer bis zuletzt immer richtig klatscht und fängt, kommt in der nächsten Runde zum Werfen in die Kreismitte.

Tiereraten im März

Ich wohne bei dir,
bin nicht gern alleine.
Und gehen wir spazieren,
muss ich an die Leine.
Wenn jemand kommt,
dann melde ich gleich.
Am liebsten fress ich
Wurst und Fleisch.

Hund

Ich wohne im Stall und bin dick und fett.
Und meine Borsten sind sehr adrett.
Wenn ich mich freue, dann grunze ich.
Am Ringelschwänzchen erkennst du mich.

Schwein

Mein weiches Fell wird dir gefallen.
Ich habe lange und scharfe Krallen.
Oft schleich ich aus dem Haus heraus.
Pass auf, pass auf, du kleine Maus!

Katze

Mein Fell ist grau.
Ihr kennt mich alle.
Drum stellt mir bitte
keine Falle!
Ich fresse gerne
Käse und Speck.
Und willst du mich fangen,
dann lauf ich schnell weg.

Maus

Erst steckt' ich in der Schale drin,
war rundherum behütet.
Dann setzt' sich meine Mutter hin
und hat mich ausgebrütet.
Von innen habe ich gehackt.
Da ist das Ei zerbrochen.
Die feste Schale hat geknackt.
Ich bin herausgekrochen.

Küken

Blitzschnell
kopfüber
den Baum hinauf,
blitzschnell
kopfunter
hinunter.
Wenn du seinen langen braunen Schwanz
plötzlich am Baumstamm siehst,
dann bist du gleich sicher
und weißt ganz genau,
wer das ist.

Eichhörnchen

April

»Mensch, Kalle, du hast ja immer noch deine Mütze auf!«, ruft Frau Müller und deutet auf den Jungen, der eben hereingekommen ist. Erschrocken fasst sich Kalle an seinen Kopf. Er hat doch gerade erst die Mütze und die Jacke draußen an dem Haken vor dem Gruppenraum aufgehängt. Aber da lachen die andern schon los. »April!«, rufen sie. »Frau Müller hat den Kalle in den April geschickt!« Natürlich! Jetzt muss Kalle auch lachen. »Und du hast dich hinten ganz schmutzig gemacht!«, sagt er und freut sich diebisch, als Frau Müller versucht, selbst nachzusehen. Sie zieht an ihrer Hose und will schon die Jacke ausziehen. Da jubeln die Kinder laut: »Jetzt hat der Kalle die Frau Müller in den April geschickt!« – »Na wartet!«, sagt Frau Müller und droht scherzhaft mit dem Finger. »Am ersten April, da schickt man die Narren, wohin man will!« – »Unser Kirschbaum fängt schon zu blühen an!«, ruft Natalie dazwischen, weil sie ihre Neuigkeit unbedingt loswerden will. »Ich habe heute Morgen ganz viele weiße Blüten gesehen!« »April! April!«, rufen die Kinder. Natalie schüttelt empört den Kopf, und Frau Müller legt den Arm um sie. »Bei uns blühen die Kirschen auch. Da sind wir alle froh, dass das kein Aprilscherz ist!« – »Aber ich bin ein Aprilscherz!«, sagt Paul jetzt, und es macht ihm nichts aus, dass die anderen wieder lachen. Er blinzelt Frau Müller zu. »Stimmt's?«, fragt er. Und Frau Müller nickt ihm zu. »Ihr habt ein Geheimnis!«, ruft Anna. »Ja!«, lacht Paul. »Ich bin am 1. April geboren und habe am 1. April Geburtstag!« – »So ein Zufall!«, meint André. Aber dann kommen alle zu Paul und gratulieren ihm. »Und wir haben bald noch ein Fest!«, sagt Frau Müller. »Ostern!«, rufen die Kinder und denken bereits an die bunten Ostereier, die sie bald suchen werden. Ja, Ostern wollen sie im Kindergarten so richtig schön vorbereiten.

Unser Garten

Im Frühjahr geht die Arbeit los.
Da packt ein jeder an,
damit in unserm Garten
auch alles wachsen kann.

Um die Erde umzugraben,
müssen wir den Spaten haben.
Jetzt den Rechen, dass die Erde
weich und leicht und locker werde.

Wenn wir Blumensamen säen,
geht das wie im Handumdrehen.
Ist es trocken, wird es nützen,
wenn wir gießen oder spritzen.

Mit der Hacke auf den Beeten
wollen wir das Unkraut jäten.
Und zum Dank für unser Mühen
werden bunte Blumen blühen.

Kommt heraus! Kommt heraus!
Schön sieht unser Garten aus!

Ich habe den Osterhasen gesehn

Ich habe den Osterhasen gesehn.
Er hatte es eilig und blieb nicht stehn.
Da rief ich, so laut es mir möglich war:
»Vergiss ja nicht Ostern in diesem Jahr!
Ostern ist bereits übermorgen!
Vor allem musst du dir Eier besorgen!«
Jetzt bau ich ein Osternest in unserm Garten
und kann kaum
bis übermorgen noch warten.

Osterhasen-Rundgesang

Text: Rolf Krenzer · Musik: Reinhard Horn

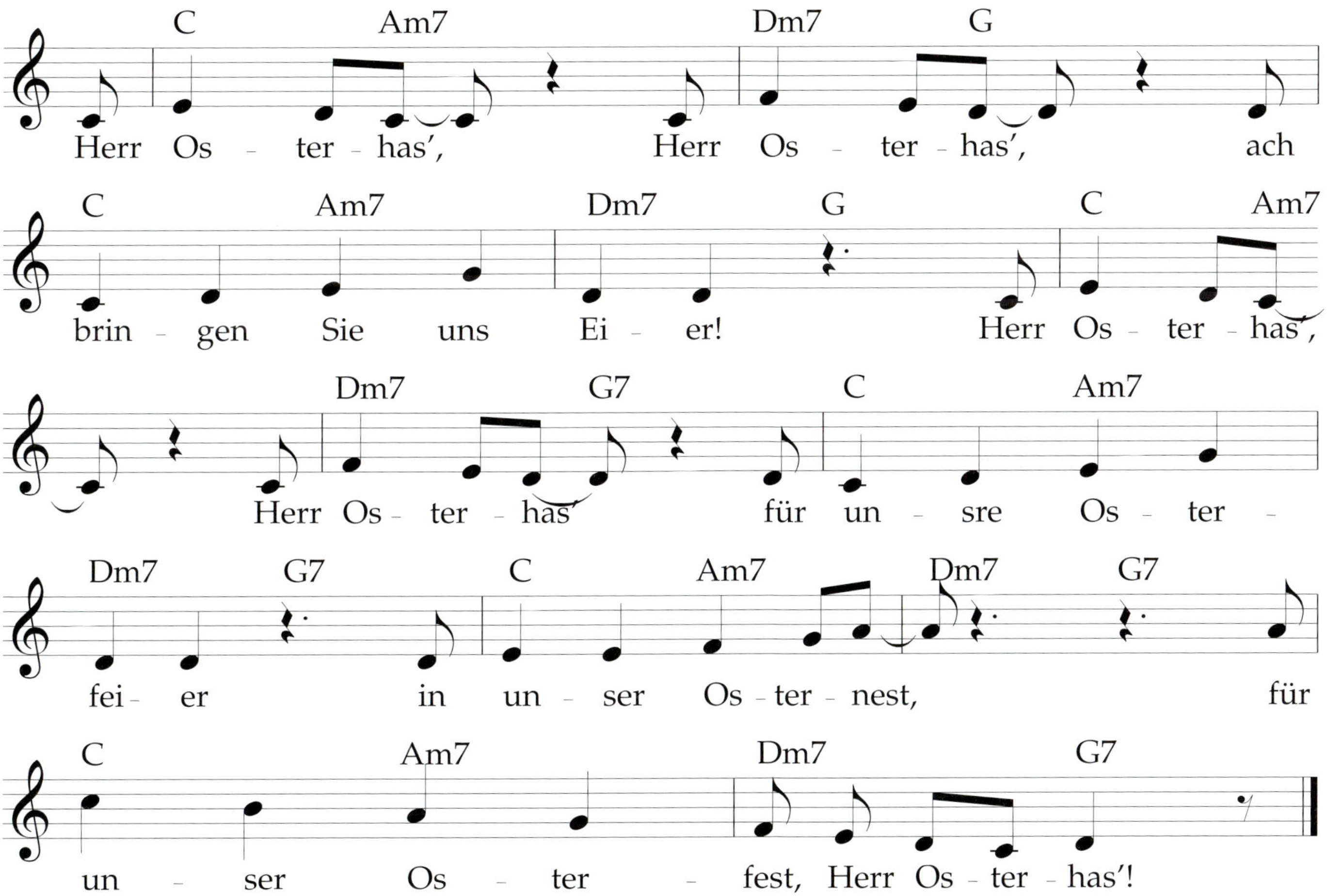

Willst du mit mir spazieren gehn?

Text: Rolf Krenzer · Musik: Reinhard Horn

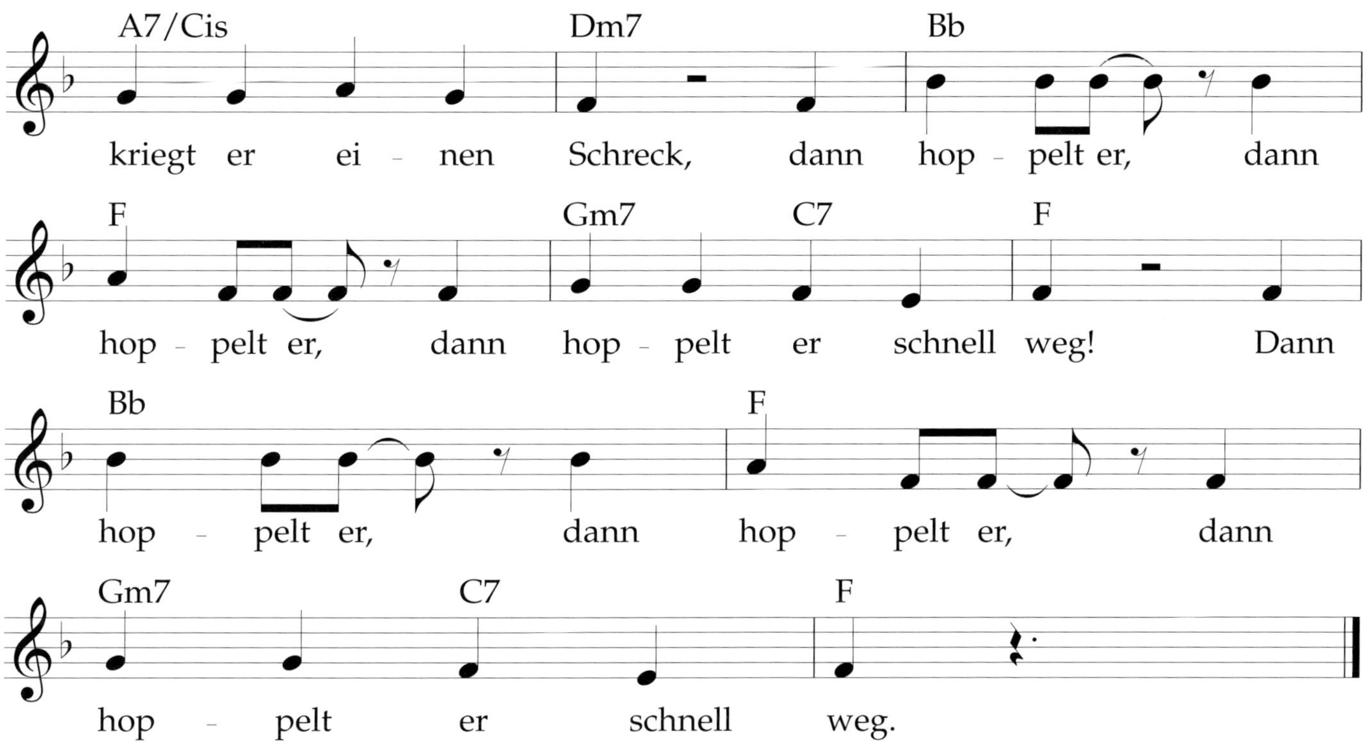

2. Im Garten auf dem grünen Gras
sitzt unterm Busch der Osterhas'.
Versteck dich und gib Acht!
Schau, was der Hase macht.
Er sucht nach was
und legt was hin.
Was hat der Hase nur im Sinn?
Er legt was hin
und sucht nach was.
Was macht er denn dort nur im Gras?
Sei still! Pst! Pst! Kein Wort!
Da hoppelt er,
da hoppelt er,
da hoppelt er schon fort.

3. Bei uns war grad der Osterhas'!
Schaut euch nur um! Das ist ein Spaß!
Da sucht ein jedes Kind,
wo Ostereier sind.
Hier liegt ein Ei
und da sind zwei!
So viele Eier gibt es heut!
Jetzt sind's schon drei!
Und noch ein Ei!
Denn Ostereierzeit ist heut!
Wir nehmen sie gleich mit
und wünschen uns
und wünschen uns
dann guten Appetit.

Die Sache mit dem Osterhasen

Voriges Jahr hat Tobias noch ganz fest an den Osterhasen geglaubt. Voriges Jahr ging er auch noch in den Kindergarten. Aber seit er im letzten Jahr vor Weihnachten hinter das Geheimnis des Nikolaus gekommen ist, hat er auch mit dem Osterhasen so seine Schwierigkeiten und Zweifel. »War das vielleicht auch nur so ein Heiliger oder ein Bischof?«, fragt er am Samstag vor Ostern und schaut seinen Vater von der Seite an. Stefan, sein älterer Bruder, prustet laut los. »Der Osterhase und ein Heiliger!«, lacht er. Und Mutti schüttelt energisch den Kopf. »Nein, ein Bischof war der Osterhase bestimmt nicht!«, sagt Vater. Tobias denkt nach und meint dann: »Aber ich habe noch nie gehört, dass Hasen Eier legen. Das machen doch nur Hühner!« – »Und Gänse und Enten!«, fügt Mutti hinzu. »Alle Vögel legen Eier!«, ergänzt Vati. »Du erinnerst dich doch noch an das Vogelnest in unserem Apfelbaum. Da habe ich dir die kleinen braunen Vogeleier gezeigt.« Tobias nickt. »Nur Vögel legen Eier«, stellt er befriedigt fest. »Krokodile auch!«, ruft Stefan. »Und Schildkröten!« Wieder kommen Tobias neue Zweifel. »Ehrlich?«, fragt er und wendet sich wieder seinem Vater zu. Und Vater grinst und nickt.

»Ameisen legen auch Eier«, sagt Vati jetzt. »Die hast du doch auch schon in dem Ameisenhaufen gesehen.« Ja, Tobias erinnert sich. »Aber Osterhaseneier habe ich noch nie gesehen«, sagt er schließlich, nachdem er lange nachgedacht hat. »Und was war das, was du voriges Ostern bei uns im Garten gefunden hast?«, fragt Stefan und hält sich die Hand vor den Mund. Tobias schweigt. Man merkt richtig, wie es in ihm arbeitet. »Du hast sie ja alle aufgegessen«, meint Stefan jetzt. »Wenn der Osterhase sie ausgebrütet hätte, dann hätten wir jetzt schon eine richtige Osterhasenzucht!« – »Der Osterhase war schon fortgelaufen«, antwortet Tobias ärgerlich. »Ich habe ihn überhaupt nicht mehr gesehen. Voriges Jahr nicht. Und davor auch noch nie!« – »Du hättest die Ostereier eben selbst ausbrüten müssen«, meint Vati und hat genau das freche Grinsen um seinen Mund wie Stefan. »Aber aus Eiern schlüpfen doch kleine Küken!« Tobias erinnert sich ganz genau an die Bilder, die Frau Möller in der Schule gezeigt hat. »Aus bunten Ostereiern?«, fragt Stefan. »Wirklich aus bunten Ostereiern?« An Muttis ärgerlicher Handbewegung zu Stefan und Vati hin merkt Tobias, dass sie zu ihm hält. So oft hat Stefan ihn schon angeschmiert. Und Vati macht natürlich mit. Genau wie damals, als es um den Nikolaus ging. Da hatte Stefan am Ende sogar behauptet, dass das Christkind mit langen goldenen Haaren ebenso wie der Nikolaus durch den Schornstein geflogen kam und anschließend ganz schwarz war. So konnte es dann niemand mehr in der Nacht sehen. Und am Weihnachtsmorgen hatte er ihm sogar die schwarze Fußspur vor der Haustür im Schnee gezeigt. Aber da hatte Mutti heimlich zu Tobias gesagt, er solle nicht alles glauben, was Stefan ihm erzählte. Sie hatte die Asche aus dem Kamin fortgetragen. Dabei war etwas Asche in den Schnee gefallen. »Ich schlag vor«, sagt Mutti jetzt, »wir setzen morgen unseren Stefan einmal auf die Ostereier. Und dann warten wir ab, was dabei herauskommt. Osterhasen oder Küken!« – »Und den Vati setzen wir dazu!«, sagt Tobias mutig, weil er jetzt ganz sicher Mutti auf seiner Seite weiß. Als jetzt alle lachen, wird Tobias immer sicherer. »Hasen legen nämlich gar keine Eier!«, sagt er. »Und Krokodile und Schildkröten auch nicht! So dumm bin ich nicht, dass ich euch so etwas glaube.« – »Doch!« Mutti nickt. »Mit den Krokodilen und den Schildkröten, das stimmt wirklich. Sie vergraben ihre Eier im Sand. Wenn die Sonne dann heiß vom Himmel scheint, wird auch der Sand ganz warm. So werden ihre Eier ausgebrütet.« – »Übrigens, die Fische legen auch Eier«, sagt Stefan und feixt schon wieder. Tobias weiß wirklich nicht mehr, was er noch glauben soll. Im Grunde ist er sich ganz sicher, dass Osterhasen keine Eier legen. Außerdem hat er längst die Tütchen mit den bunten Ostereierfarben im Küchenschrank entdeckt. Und dass Hasen Hühnereier bunt anmalen, nein, an dieses Märchen glaubt er schon lange nicht mehr. »Nicht wahr, Vati, Osterhasen legen keine Eier!«, sagt er endlich. Er wendet sich an ihn, weil die Mutter hinausgegangen ist. Sein Vater wiegt bedenklich den Kopf hin und her, lässt Tobias noch ein bisschen zappeln und blinzelt dann Mutti zu, die wieder hereingekommen ist und sich hinter Stefans Stuhl zu schaffen macht. Stefan merkt davon nichts. Er blickt gebannt seinen Vater an und hofft, dass er das Spiel mit dem Osterhasen noch weitertreibt. Schließlich gibt es nichts Schöneres, als den kleinen Bruder hereinzulegen. Und es scheint Stefan so, als würde Tobias wirklich noch an den Osterhasen glauben. »Ja ...«, sagt Vati gedehnt. »Ich weiß das nicht so genau. Vielleicht kann es einmal vorkommen, dass Osterhasen wirklich Ostereier legen.« Er lächelt Mutti verschmitzt an, als sie sich wieder neben ihn setzt. »Solche Wunder gibt es manchmal.« Dann schaut er zu Stefan hinüber. »Sogar unser Stefan könnte ein Osterei legen, wenn

er nur wollte.« – »Stefan?«, fragt Tobias und merkt jetzt wirklich, dass sein Vater Unsinn redet. »Warum nicht?«, fragt seine Mutter. »Jetzt reicht es mir!«, ruft Stefan enttäuscht. »Wenn ihr ihn so faustdick anschwindelt, dann glaubt er nichts mehr!« – »Jedenfalls gibt es zu Ostern Ostereier«, sagt Mutti jetzt. »Egal, ob sie der Osterhase gelegt hat oder nicht.« – »Und das ist genauso wie bei unserem Stefan«, fügt sein Vater hinzu. »Ob er sie nun gelegt hat oder nicht.« –»Quatsch!«, brüllt Stefan. Doch als er aufspringen will, hält sein Vater ihn ganz fest. »Vorsicht, Stefan!«, sagt er. »Wer weiß? Wer so viel von Ostereiern spricht, legt am Ende selbst welche!« Stefan beginnt sich ein bisschen zu ärgern, weil Tobias jetzt laut loslacht. Er streift die Hand seines Vaters von seiner Schulter, steht auf, blickt auf seinen Stuhl und erstarrt. Dort, wo er bisher gesessen hat, liegt ein rotes Osterei. Stefan kann es nicht fassen. Soll er sich jetzt ärgern, weil seine Eltern und Tobias laut loslachen? Er nimmt das Ei, klopft es auf der Tischplatte an und schält es. »Ich habe wenigstens schon ein Osterei«, sagt er und beißt hinein. »Siehst du, genauso ist das mit den Osterhasen!«, sagt er zu Tobias. »Bitte, Mutti!«, brüllt Tobias. »Lasst mich auch ein Osterei legen! Aber ein blaues!«, ruft er schnell noch, als er sieht, dass seine Mutter aufsteht, um hinauszugehen. Dann legt er seinen Kopf auf die Tischplatte, schließt die Augen und wartet.

Rätselraten im April

Er hat von dem Kohl im Garten stibitzt,
dann ist er über das Feld geflitzt.
Will ihm der Fuchs gar an den Kragen,
dann schlägt er blitzschnell einen Haken
und hoppelt schon
durch den Wald davon.

Hase

Ein Tier triffst du auf stillen Wegen,
das soll doch wirklich Eier legen.
Legt es die Eier rot und blau?
Bemalt es sie?
So ganz genau
und ganz bestimmt kann's keiner sagen.
Da musst du es schon selber fragen.
(oder: »Wie heißt das Tier?«, möchte ich dich fragen.)

Osterhase

Moos und Gras hast du gebracht
und daraus ein Nest gemacht.
Das Nest wird, schaust du Ostern rein,
voll schöner, bunter Eier sein.
Ein kleines Nest fürs Osterfest.
Jetzt sag, was ist das für ein Nest?

Osternest

Meine Schale, die ist rund,
einmal blau, mal rot, mal bunt.
Schlägst du auf die Schale drauf,
isst du mich mit Freude auf.
Erst das Gelbe, dann das Weiße.
Rate, rate, wie ich heiße!

Osterei

Eben war der Himmel blau.
Seht, schon ist er schwarz und grau.
Wolken wollen ihn bedecken
und die Sonne noch verstecken.
Eh ihr euch verseht, zum Schluss
kommt ein schwerer Regenguss.
Grad war noch der Himmel grau.
Seht, schon ist er wieder blau.
Sagt mir jetzt, wenn ihr es wisst,
was das für ein Monat ist.

April

Ostereier-Spiele

Eierticken
Jeder nimmt ein hart gekochtes Ei und tickt mit seinem Nachbarn: Spitze gegen Spitze, stumpfe Seite gegen stumpfe Seite. Wessen Ei am wenigsten beschädigt oder am Schluss noch ganz heil ist, ist Sieger. Er darf gegen einen anderen Spieler antreten.

Faules Ei
Wir stehen im Kreis und werfen uns einen Ball zu und versuchen, den Ball immer schneller zu werfen. Dazu rufen wir: »Ein Ei, zwei Eier, drei Eier, vier Eier ...« Wenn der Ball herunterfällt, rufen alle: »Faules Ei!« Derjenige, der nicht richtig gefangen hat, muss sich nun mitten in den Kreis stellen und dort bleiben, bis ein anderer Spieler den Ball fallen lässt und nun für das »faule Ei« in die Mitte des Kreises muss.

Eierhaschen
Wir brauchen Ostereier, hart gekochte Eier, Holzeier oder farbige Gipseier. Die Eier werden in die Kreismitte gelegt, und die Spieler sitzen im Kreis darum herum. Aber so viele Eier dort auch liegen, es ist ein Ei weniger, als Mitspieler um die Eier herumsitzen. Auf ein bestimmtes Zeichen springen die Kinder auf und versuchen, ein Ei zu haschen. Einer wird keins bekommen. Er muss ausscheiden. Aber in der nächsten Runde wird wieder ein

Ei weniger als Spieler in die Kreismitte gelegt. Wir spielen so lange, bis einer übrig bleibt: der Sieger im Eierhaschen.

Hasenwettlauf

Alle Kinder stellen Hasen dar, die von einem Start zu einem vorgegebenen Ziel laufen sollen. Weil sie aber alle Hasen sind, müssen sie auch wie Hasen hoppeln. Sie greifen mit den Händen vor. Dann ziehen sie die leicht gegrätschten Beine nach, bis die Füße wieder bei den Händen sind. Dann greifen sie wieder mit den Händen vor usw. Wer dann zuerst ins Ziel hoppelt, ist Sieger.

Mai

Ole hat heute eine kleine Schachtel mit in den Kindergarten gebracht. Im Deckel sind kleine Löcher. Und wer sein Ohr dicht an die Schachtel hält, hört manchmal darin ein leises Krabbeln. »Zwei Maikäfer!«, sagt Ole stolz. »Vorsicht!«, ruft er aufgeregt, wenn zu viele Kinderhände nach der Schachtel greifen. Als ihn aber Andrea, die Praktikantin, bittet, die Schachtel einmal zu öffnen, hebt er den Deckel ganz behutsam hoch. Und nun stehen sie alle um ihn herum und betrachten die beiden Maikäfer, die in der Schachtel auf ein paar grünen Blättern sitzen. »Sollen sie immer in deiner Schachtel bleiben?« fragt Frau Müller. Ole schüttelt den Kopf. »Ich wollte sie euch nur zeigen!« – »Und jetzt?«, fragt Silke. »Vielleicht lässt Ole sie jetzt wieder fliegen!«, meint Andrea. »Sie waren ja die ganze Nacht in dieser dunklen Schachtel.« Ole blickt unverwandt auf die beiden Käfer in seiner Schachtel. »Ole, was meinst du?«, fragt Frau Müller. Ole meint gar nichts. Jedenfalls gibt er keine Antwort. »Sollen sie wieder zum Wald fliegen?«, fragt Andrea ganz leise und legt ihren Arm um Oles Schulter. »Ja!«, sagt Ole. Dann holt er einen Käfer heraus, und Andrea darf den anderen nehmen. Sie tragen die Käfer behutsam zum Fenster. Frau Müller öffnet einen Fensterflügel, so dass jeder die frische Luft riechen kann. Man kann sogar den Wald riechen, der gar nicht weit entfernt ist. Sicher riechen das die beiden Käfer auch. Sie pumpen und pumpen. Plötzlich strecken sie ihre Flügel auseinander. Und dann fliegen sie summend davon. Die Kinder jubeln und sehen ihnen nach, so lange sie nur können. »Und was gibt es im Mai außer Maikäfern noch?«, fragt Frau Müller, als alle wieder um sie herum im Stuhlkreis sitzen. »Viele Blumen!«, rufen die Kinder. »Vielleicht einen Ausflug! Und Muttertag!« »Und Anne liegt seit April schon im Krankenhaus«, sagt Frau Müller leise. »Wir malen ein Bild und schicken es ihr!«, schlägt Max vor. Und weil sein Vorschlag so schön ist, wollen alle sofort mit dem Malen beginnen. Was kann man jetzt noch Schöneres für Anne malen als Maikäfer?

Pusteblumen

He, Pusteblume, wart auf mich!
Ich komme gleich und puste dich.
Ganz leicht und zärtlich puste ich.
Kleine weiße Fallschirmflieger.
Jeder kann sie sehn.
Wo sie landen, werden wieder
Pusteblumen stehn.

Muttertag

Weil ich dich so gerne mag,
komm ich heut zum Muttertag
mit fünf Blumen zu dir her.
Mutti, gelt, das freut dich sehr!

Und mit schnellem Pinselstrich
malte ich ein Bild für dich.
Unten steht mein Name drauf.
Mutti, häng es bitte auf!

Ohne dich, das weiß man ja,
wär ich überhaupt nicht da.
Drum drück ich mich fest an dich,
dass du's merkst: Da hast du mich!

Backst du Kuchen, Mutti, sag.
Heut zu deinem Ehrentag
kommt Papa bestimmt mit mir
gern zum Kaffeeklatsch zu dir!

Tanja feiert Muttertag

Im Kindergarten malten sie Bilder mit bunten Blumen für den Muttertag. Mehr wollte Frau Clasen für diesen Tag nicht basteln. Sie erzählte den Kindern, dass man die Mutti das ganze Jahr über lieb haben solle und nicht nur an dem einen Tag, der im Kalender steht. Zudem wäre es nur ein Tag für die Geschäftsleute, weil sie viel verkaufen wollten.

Frau Clasen feierte auch zu Hause mit ihrer Familie keinen Muttertag. Das sei albern, meinte sie. Wütend kam Tanja nach Hause und knallte das Bild auf den Küchentisch. »Mehr gibt es nicht!«, sagte sie. »Frau Clasen hält nichts vom Muttertag!« Seltsam, aber Mutti dachte genauso wie Frau Clasen. Nein, sie wollte auch lieber keinen Muttertag feiern. Das sei alles nur Reklame, sagte sie. Und außerdem hätten sie sich das ganze Jahr über so lieb, dass sie dafür keinen Muttertag brauchten. »Und Papa?«, fragte Tanja. »Schenkt er dir nichts zum Muttertag?« – »Bin ich Papas Mutter?«, fragte Mutti zurück und lachte. »Nein, bei uns gibt es nichts zum Muttertag. Wir feiern ja auch keinen Vatertag und keinen Tanjatag!« Das sah Tanja ein bisschen ein. »Oma bekommt doch auch einen Blumenstrauß!«, sagte sie schließlich. »Ja, die Oma!«, meinte Mutti nachdenklich. »Wir haben versucht, ihr zu erklären, warum wir nichts vom Muttertag halten. Aber sie hängt nun einmal daran und ist enttäuscht, wenn wir ihr keine Blumen schicken. Schließlich bekommt Frau Schrewe, ihre Nachbarin, auch immer Blumen.« – »Ich wäre auch enttäuscht!«, sagte Tanja und blickte ihre Mutter traurig an. Sie hätte ihr so gern zum Muttertag eine Überraschung bereitet. »Wenn du einmal selbst Mutter bist, dann kannst du dich ja feiern lassen!«, sagte Mutti und griff nach dem Bild.

»Übrigens, dein Bild ist wunderschön, und ich freue mich darüber! Wir hängen es an deine Pinnwand!«

Am Sonntag wachte Tanja mitten in der Nacht auf. Draußen war es noch dunkel, und alle im Haus schliefen fest. Da beschloss Tanja, das Frühstück zu machen und Mama damit zu überraschen. Auf Zehenspitzen schlich sie in die Küche, knipste das Licht an und sah sich um. Die elektrische Brotschneidemaschine durfte sie nicht benutzen. Das hatte Mutti verboten. Aber der Kühlschrank war nicht verboten. Tanja öffnete ihn und entdeckte einen Rest Nudeln von gestern. Sie nahm die Schüssel heraus und stellte fest, dass die Nudeln alle zusammengeklebt waren. Da kippte sie den Nudelklumpen auf einen Teller und drückte und knetete ihn, bis er wie ein runder weißer Kuchen aussah. Ganz hinten im Kühlschrank entdeckte sie eine Dose Heidelbeeren. Dosen

konnte Tanja gut öffnen. Das durfte sie manchmal für Mutti machen. Tanja streute drei Löffel Zucker auf den Nudelkuchen und goss die Heidelbeeren darüber. Hm, das sah schön bunt aus! Nun musste Tanja noch Kaffee kochen.
Leider war die Kaffeemaschine auch nicht erlaubt. Darum ließ Tanja heißes Wasser aus dem Wasserhahn in die Kanne laufen und tat ein paar Löffel Kaffee dazu. »Nun muss er noch ziehen!«, murmelte sie, denn das sagte Mutti immer. Als sie nach einer Weile ein bisschen Kaffee in eine Tasse schüttete und ein Schlückchen probierte, schmeckte er abscheulich. »Pff«, machte Tanja, »dass die Erwachsenen so etwas trinken!« Zum Glück war noch ein Rest Cola im Kühlschrank. Den trank Tanja, damit der scheußliche Kaffeegeschmack wegging. Dann spürte sie plötzlich deutlich, dass sie auch Hunger hatte. Vielleicht sollte sie ein bisschen von dem Nudelkuchen probieren? Sie holte ihr kleines Messer aus der Schublade und schnitt sich ein Stück ab. Mm, das schmeckte nicht schlecht, vor allem die Heidelbeeren! So aß Tanja Stück für Stück das Frühstück auf, das sie für Mutti angerichtet hatte. Aber Mutti wollte ja sowieso nicht Muttertag feiern. Da würde sie die Nudeln sicher nicht vermissen. Uuh, wie müde Tanja plötzlich wurde! Sie legte den Kopf auf die Tischplatte und war bald eingeschlafen. Als sie erwachte, war es heller Tag. Und Mutti und Vati standen um sie herum. »Was hast du denn gemacht?«, fragte Mutti und betrachtete verwundert den leeren Teller und die Heidelbeerdose. »Ich habe Nudeln mit Heidelbeeren gegessen!«, antwortete Tanja. »Und warum?« – »Ich habe Muttertag gefeiert!«, sagte Tanja. »Und deshalb stehst du mitten in der Nacht auf?«, fragte Vati. »Es war nur noch nicht Morgen!«, stellte Tanja richtig. Aber dann wurde sie wieder so müde, dass Vati nichts anderes übrig blieb, als sie noch einmal ins Bett zu tragen. Und Tanja schlief bis zum Mittagessen. Da gab es Hähnchen und Pommes frites und Salat. Danach Wackelpudding. Und alles, weil heute Sonntag war, weil Vati nicht zu arbeiten brauchte, weil die Eltern heute Nachmittag mit Tanja in den Zoo wollten und weil sie sich freuten, dass sie zusammen waren und miteinander etwas erleben konnten. So wie jeden Sonntag.

Und nicht, weil ausgerechnet heute Muttertag war. Nur einmal sagte Vati leise zu Tanja: »Wenn wir dich nicht so schrecklich lieb hätten, dann hätten wir heute Morgen sehr mit dir geschimpft!« »Aber heute ist Muttertag!«, antwortete Tanja ebenso leise und blinzelte ihrem Vater zu. »Da müssen Mütter ihre Kinder ganz besonders lieb haben. Und Vatis auch!«

Wenn Nicole zum Turnen geht

Text: Rolf Krenzer · Musik: Reinhard Horn

2. Wenn Nicole zum Turnen geht,
dann beugt sie sich nach links.
Nach links! Nach rechts!
Nach links! Nach rechts!
Wenn Nicole zum Turnen geht,
dann turnt sie gar nicht schlecht!

3. Wenn Nicole zum Turnen geht,
dann beugt sie sich nach vorn.
Nach links! Nach rechts!
Nach vorn! Nach vorn!
Wenn Nicole zum Turnen geht,
dann turnt sie gar nicht schlecht!

4. Wenn Nicole zum Turnen geht,
dann beugt sie sich zurück.
Nach links! Nach rechts!
Nach vorn! Zurück!
Wenn Nicole zum Turnen geht,
dann turnt sie gar nicht schlecht!

5. Wenn Nicole zum Turnen geht,
dann macht sie sich ganz klein.
Nach links! Nach rechts!
Nach vorn! Zurück!
Ganz klein! Ganz klein!
Wenn Nicole zum Turnen geht,
dann turnt sie gar nicht schlecht!

6. Wenn Nicole zum Turnen geht,
dann macht sie sich ganz groß.
Nach links! Nach rechts!
Nach vorn! Zurück!
Ganz klein! Ganz groß!
Wenn Nicole zum Turnen geht,
dann turnt sie gar nicht schlecht!

7. Wenn Nicole zum Turnen geht,
dann springt sie in die Luft.
Nach links! Nach rechts!
Nach vorn! Zurück!
Ganz klein! Ganz groß!
Sie springt und springt!
Wenn Nicole zum Turnen geht,
dann turnt sie gar nicht schlecht!

8. Wenn Nicole zum Turnen geht,
tanzt sie zum Schluss Ballett.
Nach links! Nach rechts!
Nach vorn! Zurück!
Ganz klein! Ganz groß!
Sie springt und springt!
Ballett! Ballett!
Wenn Nicole zum Turnen geht,
dann turnt sie gar nicht schlecht!

Und so kann es weitergehen:

Wenn Nicole ganz munter ist,
dann turnt sie voller Schwung:
Nach links! Nach rechts! usw.
(Und dann wird alles ganz schnell gesungen
und getan.)

Oder:
Wenn Nicole ganz müde ist,
dann hat sie ihre Müh:
Nach links! Nach rechts! usw.

Marienkäfer

Max hat von draußen einen kleinen Käfer mit in den Gruppenraum gebracht. Er hält ihn vorsichtig mit seiner hohlen Hand, damit er ihn ja nicht zerdrückt. Der Käfer ist gar so winzig. Beate und Tini drängen sich heran und rufen: »Zeig uns deinen Käfer!« Max öffnet ganz langsam die Hand. Da krabbelt ein kleiner roter Käfer mit schwarzen Punkten auf dem Rücken emsig an seinem Zeigefinger hoch. »Oh, ein Herrgottskäfer!«, ruft Tini. »Das ist ein Sonnenkälbchen!«, sagt Beate. »Ihr seid dumm!«, lacht Max. »Das ist ein Marienkäfer!« Als Frau Simon hinzukommt, zeigt Max ihr den kleinen Käfer. »Ach«, sagt Frau Simon, »ein Marienkäfer!« Max dreht sich stolz zu den beiden Mädchen um. Doch Frau Simon sagt: »Manche Leute nennen ihn auch Sonnenkälbchen oder Herrgottskäferchen.« Tini staunt: »So ein winziger Käfer und so viele Namen!« Frau Simon nickt und sagt: »Das kommt daher, dass alle den kleinen Käfer so gern haben. Manche Leute nennen ihn sogar Glückskäfer!« Sie sieht ihn nachdenklich an und meint: »Der kleine Käfer ist sehr nützlich. Er wohnt auf Blumen, auf Gräsern und auf Blättern. Und er jagt die Blattläuse und frisst sie auf. Die Blattläuse saugen nämlich den Saft aus den Adern der Blätter, und dann müssen die Pflanzen sterben.« – »Dann rettet der kleine Käfer den Pflanzen das Leben!«, staunt Beate und nimmt den Marienkäfer ganz vorsichtig auf ihre Hand. Doch sogleich wundert sie sich über die gelbe Flüssigkeit, die plötzlich auf ihrer Hand ist. Frau Simon weiß Bescheid: »Diese Flüssigkeit scheidet der Käfer aus, wenn er in Gefahr ist. Damit schützt er sich vor anderen Tieren. Riech mal! Es riecht so schlecht, dass niemand mehr Lust hat, den Käfer zu fressen. Sogar die Vögel lassen den Marienkäfer in Ruhe.« Jetzt nimmt Max den Käfer und trägt ihn zum Fenster. »Flieg los!«, sagt er zu ihm. »Du musst in diesem Jahr noch viele Blattläuse jagen!« Zuerst bleibt der kleine Käfer ganz still auf seinem Handrücken sitzen. Dann klettert er bis hoch hinauf auf seinen Zeigefinger. Und endlich fliegt er los. Die Kinder sehen ihm nach. »Schön ist der!«, sagt Tini endlich. »Wenn er auch nicht so sehr gut riecht!«

Zurück zum Platz

Jedes Kind bekommt außerhalb des Spielfeldes einen Platz zugewiesen. Alle hocken sich auf den Boden auf einen Platz, der ihnen zugewiesen wird, und warten, bis die Erzieherin in die Hände klatscht. Dann laufen alle los, tummeln sich auf dem Spielfeld und warten auf das folgende Kommando: »Zurück zum Platz!« Wer nun zuerst seinen Platz erreicht und still auf seinem Platz sitzt, darf in der nächsten Runde das Spiel leiten.

Alles im Eimer

Die Kinder stehen im Kreis. In der Mitte ist ein Eimer aufgestellt. Jedes Kind hat einen kleinen Ball und versucht, damit in den Eimer zu treffen. Trifft ein Kind nicht, so hebt das Kind, das im Kreis gegenübersteht, den Ball auf und versucht es seinerseits. Wir werfen entweder nach einer vorher festgesetzten Zeit (z. B. 5 Minuten) oder so lange, bis alle Bälle im Eimer sind.

Achtung, Auto!

Wir laufen im Kreis und stellen Autos dar. Jeder lenkt mit einem imaginären Lenkrad ohne anzustoßen. Wir müssen so gut aufeinander achten, dass wir trotz Freizügigkeit unserer Bewegungen nicht mit den anderen zusammenstoßen. Die Erzieherin ist Verkehrspolizist. Wenn sie die Hand hebt, müssen alle Autos anhalten.

Starten und landen

Wir laufen im Kreis und stellen Flugzeuge (Vögel) dar. Wir laufen mit ausgebreiteten Armen und versuchen, andere Mitspieler nicht anzustoßen. Auf ein Zeichen des Spielleiters landen wir alle auf dem Flugplatz. Wir ruhen uns aus, um dann wieder neu starten zu können.

Reitturnier

Die Kinder stellen Pferde dar. Sie gehen im Schritt, im Trab oder galoppieren wild durcheinander ohne anzustoßen. Manchmal kommt ein Hindernis (Bauklötze, Hügel, Bank, Hocker, Graben usw.). Über manche Hindernisse können wir hinwegspringen. Manchmal müsssen wir um sie herumlaufen. Wenn zwei Pferde zusammenstoßen, müssen sie in den Stall zurück.

Abrakadabra!
Eine Kombination der vorangegangenen drei Spiele ist das folgende: Die Erzieherin verzaubert alle Kinder. Sie ruft: »Ich verzaubere euch in Autos!« Dann stellen alle Autos dar und sausen durch den Raum. Wenn der »Zauberer« die Hand hochhält, will er einen neuen Zauberspruch sprechen. Dann halten alle an. Der neue Zauberspruch heißt: »Ich verzaubere euch in Schmetterlinge« oder »Pferd« oder »Hubschrauber«. Dieses Spiel macht viel Freude und lässt sich beliebig lange fortsetzen. So kann der »Zauberer« alle möglichen Zaubersprüche aussprechen, beispielsweise Verzauberungen in Flugzeuge, in Störche, in Elefanten, in Frösche, in Schnecken, in Hampelmänner usw.

Wer kommt mit?
Alle Kinder sitzen im Kreis. Nur ein Kind läuft um den Kreis herum. Dieses Kind stößt mit der Hand ein sitzendes Kind an. Das läuft los und tippt ein anderes Kind an. Zum Schluss laufen alle.

Such dir einen Freund
Wir laufen durcheinander. Nun ruft die Erzieherin: »Such dir einen Freund!« Da sucht sich jeder einen Partner, fasst ihn an, setzt sich und bleibt mit ihm auf dem Boden. Wenn die Erzieherin in die Hände klatscht, lassen wir unseren Partner los, stehen auf und laufen wieder so lange durcheinander, bis die nächste Aufforderung »Such dir einen Freund!« erfolgt. Nun soll möglichst ein anderer Freund gesucht werden.

Kleine Tiere kannst du im Mai entdecken

Du fliegst bis zur Wiese
im hellen Sonnenschein.
Da laden dich die Blumen
in ihre Blüten ein.
Schenken dir die Blüten
das, was du möchtest, dann
hast du bald vom Blütenstaub
schon gelbe Höschen an.
Wer dir einmal zuschaut,
wird das nie vergessen
und wird deinen Honig
noch mal so gern essen.

Biene

Kleiner Käfer auf der Hand,
ich schau dir gerne zu.
Gleich fliegst du los weit übers Land.
Das geht bei dir im Nu.
Erst pumpst du und pumpst du
und rührst dich nicht vom Fleck.
Dann breitest du die Flügel aus
und fliegst auf einmal weg.

Maikäfer

Eine dicke Raupe
kriecht von Blatt zu Blatt.
Lässt es sich gut schmecken,
frisst sich richtig satt.
Einmal wird die Raupe
satt und müde sein.
Spinnt sich ein im Häuschen
und schläft darin ein.
Da geschieht das Wunder.
Jeder weiß es dann,
was aus dieser Raupe
einmal werden kann.

Schmetterling

Ich kann nur in sauberem Wasser leben.
Ich bin mit vielen Schuppen umgeben.
So schwimme ich im See herum.
Du hörst mich nicht, denn ich bin stumm.

Fisch

Du kommst langsam daher
und beeilst dich nicht sehr.
Doch will dich einer erschrecken,
dann kannst du schnell
und auf der Stell'
in deinem Haus dich verstecken.

Schnecke

Juni

Heute Morgen scheint die Sonne so hell durch die Fenster, dass Frau Müller bereits die Jalousien heruntergelassen hat. Jetzt ist es hier so kühl, dass es sich aushalten lässt. Aber lange bleiben sie heute sowieso nicht hier. Heute Morgen wollen sie alle zum Waldrand laufen und dort auf der großen Lichtung im Schatten der Bäume spielen. Silke mag den Juni besonders. »Dann gehen wir oft nach draußen!«, sagt sie. »Und es gibt immer was zu trinken!«, ergänzt Max. »So ganz langsam müssen wir aber jetzt auch damit beginnen und etwas für unser Sommerfest vorbereiten«, meint Frau Müller nachdenklich. »Die Tage gehen so schnell vorbei!«
Andrea schlägt ein richtiges Spiel vor. »Das können wir dann den Eltern vorspielen!«, sagt sie und die Kinder nicken begeistert. »Spielen wir einfach noch einmal das Piratenspiel!«, schlägt Paul vor. »Das haben wir doch schon im Fasching gespielt!«, rufen die Kinder. Aber ein Spiel soll es in jedem Fall sein. Und noch ein Lied dazu. »Wie wäre es mit einem Indianerspiel?«, fragt Andrea. Ole möchte den Eltern lieber ein Spiel mit Astronauten vorspielen. Schließlich will er ja selbst einmal Astronaut werden, wenn er groß ist. Dann schlägt Julia ein Hexenspiel vor. Genau das ist es, was sich die meisten Kinder wünschen. »Aber kein gursliges!«, bittet Anna. Frau Müller schüttelt den Kopf. »Außerdem wollen wir alle zusammen noch eine Nacht im Kindergarten verbringen!«, sagt Andrea. Natürlich! Das hat keiner vergessen! »Da gibt es ja im Juni wieder viel für uns zu tun!«, sagt Frau Müller und lacht.

♫ Wenn es warm ist

Text: Rolf Krenzer · Musik: Reinhard Horn

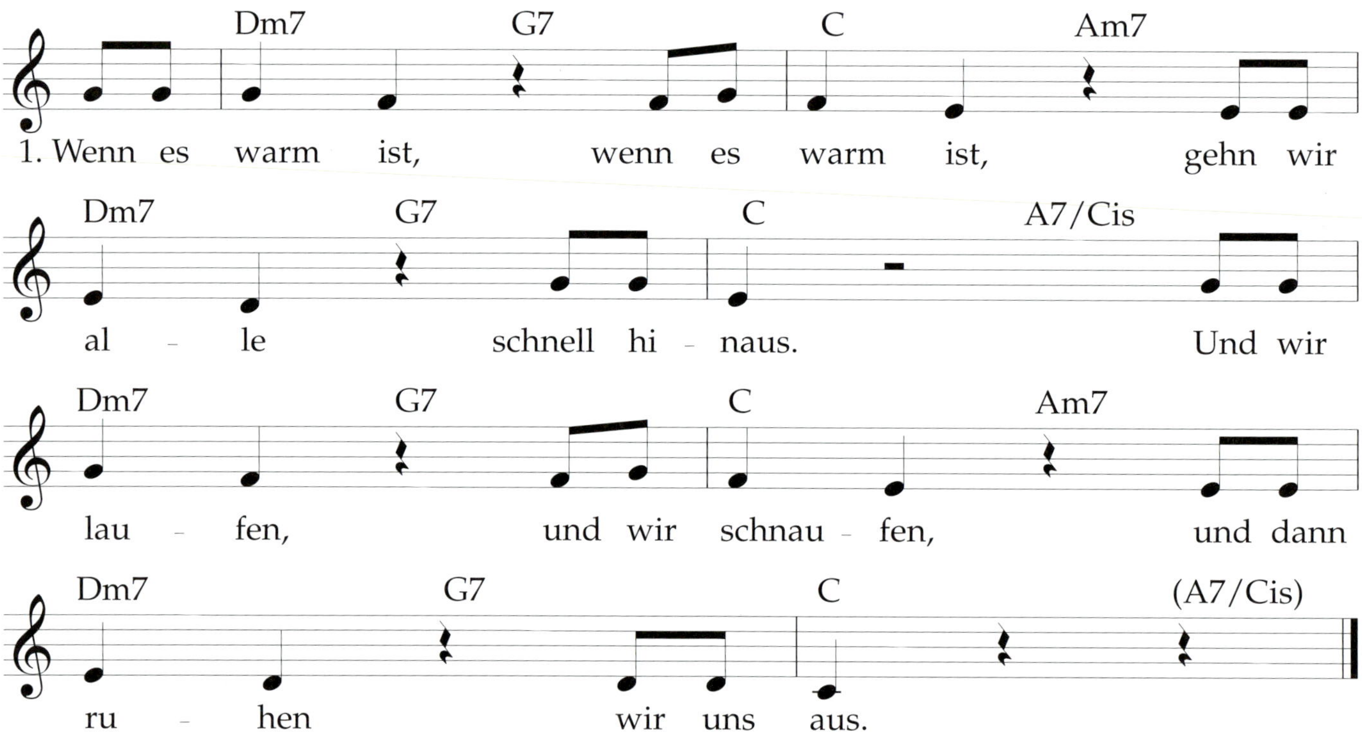

2. Wenn es warm ist,
wenn es warm ist,
sind die Erdbeeren reif.
Und wir bücken
uns und pflücken,
bis der Rücken ist ganz steif.

3. Wenn es warm ist,
wenn es warm ist,
macht das Baden uns Spaß.
Und wir schwitzen,
und wir spritzen
uns mit Wasser so nass.

4. Wenn es warm ist,
wenn es warm ist,
ja, dann ist Kirschenzeit.
Und wir gucken,
und wir spucken
alle Kerne so weit.

5. Wenn es warm ist,
wenn es warm ist,
riecht's nach Sommer und Wind.
Sommer schmecken
und entdecken,
ja, das kann jedes Kind!

Spielanregung
Die Liedzeilen können mimisch und gestisch ausgestaltet werden.

Zwei haben Angst

Beim Abendessen sagt Mutter: »In unserem Keller ist eine Maus!« Vater glaubt es nicht. Er meint: »Die Kellertür war doch immer zu!« Da zeigt ihm Mutter einen Apfel. Es ist noch einer vom letzten Jahr. Die Mutter hat sie gehütet bis in den Sommer hinein. Ganz deutlich können alle sehen, dass hier jemand genascht hat. Alex sagt: »Diesmal bin ich es aber nicht gewesen! So kleine Zähne habe ich nicht!« Und die kleine Brigitte erklärt: »Ich gehe nicht mehr in den Keller!« Alex lacht sie aus: »Du bist schon sechs Jahre alt und hast Angst vor einer kleinen Maus!« Nach dem Essen holt Vater eine Mausefalle. Alex schneidet ein Stückchen Speck ab. Das legt er vorsichtig auf die Falle. Dann gehen Vater und Alex in den Keller. Später sagen sie: »Wir haben die Falle unter den Tisch im Keller gestellt. Vielleicht fangen wir heute Nacht schon die freche Maus!« Brigitte liegt heute noch lange wach in ihrem Bettchen. Sie kann nicht einschlafen. Immer wieder muss sie an die kleine Maus denken.

Sie hat wirklich Angst vor Mäusen. Sie möchte nie allein einer Maus begegnen. Und doch hat sie großes Mitleid mit der Maus im Keller. Ob es sehr wehtut, wenn die Falle plötzlich zuschnappt? Schon lange ist Alex in seinem Bett eingeschlafen. Brigitte ist immer noch wach. Sie sagt leise: »Die arme kleine Maus!« Am nächsten Morgen muss Alex früh zur Schule. Vater geht auch zur Arbeit. Nur Brigitte darf noch etwas bei ihrer Mutter bleiben. Sie muss erst um 10 Uhr in der

Schule sein. Sie fragt leise: »Können wir im Keller nach der Maus sehen?« Mutter nickt. Sie glaubt nicht, dass die Maus schon gefangen ist. Brigitte wünscht sich sehnlichst, dass die Falle leer ist. Doch was ist das? Ein graues Mäuschen sitzt vor der Falle. Mit seinen kleinen schwarzen Augen schaut es ängstlich zu den beiden großen Leuten hinauf. Warum läuft es nicht fort? Die Falle ist zugeschlagen, und sein Schwänzchen ist eingeklemmt.
»Was sollen wir nur machen?«, fragt Mutter. Da nimmt die kleine Brigitte das Mäuschen ganz einfach in ihre Hand und hält es fest. Mutter befreit vorsichtig das Schwänzchen aus der Falle. Dann trägt Brigitte die kleine Maus in den Garten und lässt sie frei. Als Brigitte zurückkommt, wundert sich ihre Mutter: »Du hast doch Angst vor Mäusen!«
»Jetzt nicht mehr!«, sagt Brigitte.

Gestern war der Frosch noch krank

Gestern war der Frosch noch krank,
wollte weder Speis' noch Trank.
Zipperlein im linken Bein,
schlechte Laune obendrein,
jammerte den ganzen Tag:
Quak, quak, quak,
nur quak, quak, quak.

Gestern ging's dem Frosch noch schlecht,
gestern war ihm gar nichts recht.
Hockte stumm am Teich herum
und nahm allen alles krumm,
klagte leis' den ganzen Tag:
Quak, quak, quak,
nur quak, quak, quak.

Gestern ging's dem Frosch nicht gut.
Ohne Schwung und ohne Mut,
schlapp und matt
wie 'n welkes Blatt,
dass ein jeder Mitleid hat,
quengelte den ganzen Tag:
Quak, quak, quak,
nur quak, quak, quak.

Heute aber, Gott sei Dank,
ist der Frosch nicht länger krank.
Und voll Schneid
springt er heut
mehr als einen Meter weit
und quakt froh den ganzen Tag:

Quak, quak, quak,
nur quak, quak, quak!

Spielanregung

Der Frosch hockt zuerst krank im Kreis, umgeben von den Kindern, und quakt leise und jämmerlich vor sich hin. Wir quaken genauso jämmerlich mit. Von Strophe zu Strophe gehen wir voller Mitleid näher an den Frosch heran. Bei der letzten Strophe aber springt er plötzlich los, und wir alle stimmen in sein fröhliches Quaken ein. Wir können auch alle zunächst kranke und wehleidige Frösche sein, die dann, wenn sie wieder gesund sind, weit in die Welt hineinspringen.

Ein Tag voll Sonnenschein

Heut ist ein Tag,
wie ich ihn mag:
ein Tag voll Sonnenschein!
Und triffst du mich,
dann kannst du dich
mit mir darüber freun.

Endlich Sommer

Wenn die Wiesen grün
und die Blumen blühn
und die Welt voll Sonnenschein,
wenn die dicken Hummeln
wieder freundlich brummeln,
dann wird endlich Sommer sein.

Wenn der Himmel blau
und, so weit ich schau,
ich kein Wölkchen sehen kann,
kann ich unter Bäumen
wieder lange träumen,
fängt der Sommer endlich an.

Ohne Strümpf' und Schuh'
lauf ich immerzu.
Und die Ferien sind ganz nah.
Wenn wir uns verstecken
hinter Baum und Hecken,
ist der Sommer endlich da.

Gehn wir dann zu zwein
durch den Sonnenschein,
drück ich mich ganz fest an dich.
Kann fast gar nichts sagen,
muss dich nur noch fragen:
Freust du dich auch so wie ich?

Vom kleinen Jan, der nicht einschlafen konnte

An einem hellen Sommerabend, als es nicht dunkel werden wollte, lag der kleine Jan in seinem Bett und konnte nicht einschlafen. Auf der Straße hörte er noch die Leute miteinander reden. Und im Garten hinter dem Haus spielten immer noch die großen Kinder, die nicht so früh wie der kleine Jan ins Bett mussten. »Ich kann nicht einschlafen!«, jammerte der kleine Jan, als seine Mama zu ihm ins Zimmer kam. Da setzte sich die Mama an sein Bett und las ihm eine Geschichte vor. Der kleine Jan legte sich ganz weit zurück, kuschelte sich in sein Kissen und hörte zu. »Bist du jetzt richtig müde?«, fragte seine Mama, als sie die Geschichte zu Ende gelesen hatte. »Ich weiß nicht!«, sagte der kleine Jan. »Aber ich kann immer noch nicht einschlafen!« – »Dann schicke ich dir jetzt mal den Papa!«, sagte die Mama. »Ich kann nicht einschlafen!«, jammerte der kleine Jan, als sein Papa zu ihm ins Zimmer kam. Da setzte sich der Papa an sein Bett und erzählte ihm eine Geschichte. Es war eine wunderschöne Geschichte. Und der kleine Jan legte sich ganz weit zurück, kuschelte sich in sein Kissen und hörte zu. »Bist du jetzt richtig müde?«, fragte sein Papa, als er die Geschichte zu Ende erzählt hatte. »Ich weiß nicht!«, sagte der kleine Jan. »Aber ich kann immer noch nicht einschlafen!« – »Dann schicke ich dir jetzt mal die Oma!«, sagte der Papa. »Ich kann nicht einschlafen!«, jammerte der kleine Jan, als seine Oma zu ihm ins Zimmer kam. Da setzte sich die Oma an sein Bett und sang ihm ein Lied vor. Es war ein wunderschönes Lied mit vielen Strophen. Und der kleine Jan legte sich ganz weit zurück, kuschelte sich in sein Kissen und hörte zu. »Bist du jetzt richtig müde?«, fragte seine Oma, als sie das Lied zu Ende und noch ein zweites dazu gesungen hatte. »Ich weiß nicht!«, sagte der kleine Jan. »Aber ich kann immer noch nicht einschlafen!« – »Dann schicke ich dir jetzt mal den Opa!«, sagte die Oma. »Ich kann nicht einschlafen!«, jammerte der kleine Jan, als sein Opa zu ihm ins Zimmer kam. »Du hast es gut!«, sagte der Opa und stellte sich an das Fenster. »Ich würde so gern abends noch ein bisschen wach bleiben, aber ich bin so müde, dass ich immer gleich einschlafe. Wenn mich

die Oma nicht geweckt hätte, könnte ich jetzt nicht zum Fenster hinaussehen.« – »Ich kann von meinem Bett aus auch ein bisschen aus dem Fenster sehen!«, meinte der kleine Jan. »Aber es ist langweilig!« – »Kannst du auch den Mond von deinem Bett aus sehen?«, fragte der Opa. »Der Mond kommt doch erst, wenn es dunkel wird!«, sagte der kleine Jan. »Und jetzt ist es draußen noch viel zu hell!« – »So?«, fragte der Opa. »Und wer ist das dort oben?« Er zeigte mit seiner Hand zum Himmel hinauf. »Der Mond!«, flüsterte der kleine Jan und konnte es nicht glauben. »Aber es ist doch noch so hell!«
»Er ist schon lange da«, meinte der Opa, »und wartet, dass es endlich richtig dunkel wird. – Siehst du den Baum vor deinem Fenster?«, fragte der Opa nach einer Weile.
»Ja!«, sagte der kleine Jan. »Er ist ja immer da. Und er ist langweilig!« – »So?«, fragte der Opa. »Er hat heute Abend Besuch bekommen! Beim Baum ist heute Abend etwas los!« – »Ich sehe nichts und höre nichts!«, sagte der kleine Jan und richtete sich im Bett auf. Da öffnete der Opa das Fenster. »Hörst du jetzt etwas?«, fragte er dann. »Es brummt so um den Baum herum!«, meinte der kleine Jan. »Das sind Mücken! Sie kommen jeden Abend zum Baum und erzählen ihm, was sie alles am Tag gesehen haben. Der Baum muss ja immer vor deinem Fenster stehen und kann nicht fort. Wenn die Mücken nicht zu ihm kämen, würde er keine Neuigkeiten erfahren.« – »Was erzählen sie ihm denn?«, fragte da der kleine Jan. »Das kann ich dir nicht alles sagen!«, sagte der Opa. »Da musst du schon selbst zuhören!« – »Verstehst du, was sie sagen?«, fragte der kleine Jan.
»Natürlich!«, antwortete der Opa leise. »Wie bin ich froh, dass mich die Oma heute Abend noch geweckt hat. Sonst würde ich längst schlafen und könnte den Mücken nicht zuhören. Übrigens, die kleinen Vögel oben im Nest schwatzen immer dazwischen. Warum müssen sie nur so vorlaut sein?«
»Komisch!«, sagte der kleine Jan. »Ich höre die Mücken nur brummen. Und von einem Nest in dem Baum weiß ich auch nichts!«
»Ja, wenn man nicht richtig guckt und hört!«, flüsterte der Opa. »Die großen Leute haben ja keine Zeit dazu. Aber die Kinder und die alten Leute, die sollten sich darum kümmern. Sie haben Zeit, viel, viel Zeit!«
»Ich habe jetzt viel Zeit, denn ich kann nicht einschlafen!«, sagte der kleine Jan und blickte gebannt in den Baum. »Dort oben ist auch das Nest!« – »Aha!«, sagte der Opa. »Verstehst du jetzt auch, was sie da drüben im Baum reden, die Mücken und die jungen Vögel?«
»Du bist näher dran als ich!«, meinte der kleine Jan und wollte aufstehen und zu seinem Opa an das Fenster kommen. »Daran liegt es nicht!«, sagte der Opa. »Du sprichst noch viel zu viel. Du musst ganz lange still sein, dann kannst du sie verstehen!« Er kam langsam vom Fenster auf Jans Bett zu und

setzte sich zu ihm. »Ich höre sie hier fast noch lauter als am Fenster!«, meinte er. »Aber nicht, wenn du im Bett liegst!«, sagte der kleine Jan. Da legte sich der Opa ganz nah an die Bettkante neben den kleinen Jan und war ganz still. »Schläfst du, Opa?«, fragte der kleine Jan nach einer Weile. »Nein!«, flüsterte der Opa. »Ich höre ihnen zu. Und ich kann hier alles noch besser verstehen. Sogar ohne mein Hörgerät!« O ja, der kleine Jan wusste nur zu gut, wie schwerhörig sonst der Opa war. Alles musste man ihm zweimal oder dreimal sagen, bevor er es verstand.

»Ehrlich?«, fragte der kleine Jan. »Ehrlich!«, sagte der Opa. »Du hast ja die Augen zu!«, sagte der kleine Jan nach einer Weile. »Damit ich besser hören kann!«, antwortete der Opa. Der kleine Jan hörte jetzt auch das Brummen viel lauter. Unten auf der Straße war es still geworden. Und die großen Kinder spielten auch nicht mehr im Garten. Aber die kleinen Vögel im Nest machten immer mehr Lärm. »Ich höre jetzt alles!«, sagte der kleine Jan seinem Opa ins Ohr. »Aber ich verstehe immer noch nicht, was sie sagen.« – »Mach mal die Augen zu!«, antwortete der Opa. »Du wirst dich wundern!« Da legte sich der kleine Jan auf sein Kissen zurück und schloss die Augen. Er wartete und wartete. Und dann hörte er sie wirklich miteinander sprechen. »Ein wunderschöner Sommerabend!«, zirpte eine Mücke. Oder war es eine Grille? »Es gibt nichts Schöneres, als so viel Besuch zu bekommen!« War das wirklich der Baum, den der kleine Jan jetzt sprechen hörte? »Die Katze kommt aber nicht hinauf bis zu unserem Nest?« Das musssten die jungen Vögel sein. »Bestimmt nicht!«, sagte der Baum mit ruhiger, guter Stimme. »Da passe ich schon auf. Und der kleine Jan auch!«

»Der kleine Jan schläft doch längst!«, piepsten die kleinen Vögel. »Bestimmt nicht!«, antwortete der Baum. »Er hat die Augen geschlossen, damit er uns besser verstehen kann.« Der kleine Jan nickte auf seinem Kopfkissen. »Er träumt!«, sagte sein Papa leise. Er war heimlich in Jans Zimmer gekommen. »Was mag er träumen?«, fragte die Mama, die neugierig hinter dem Papa hergekommen war.

»Jedenfalls schläft er so fest wie sein Opa!«, sagte die Oma und rüttelte den Opa leicht an der Schulter. »Pst! Er schläft nicht!«, flüsterte der Opa und stand ganz vorsichtig aus dem Bett auf. »Er hört dem Baum und den Mücken und den jungen Vögeln im Nest zu. Da dürfen wir ihn nicht stören!« So gingen alle vier ganz leise aus dem Zimmer des kleinen Jan hinaus und schlossen ebenso leise die Tür hinter sich.

»Kannst du mich jetzt richtig sehen?«, fragte da jemand. »Natürlich sehe ich dich!«, flüsterte der kleine Jan. »Es ist ja jetzt auch richtig dunkel geworden. Und dein Licht ist so wunderschön ...» – »... geheimnisvoll!«, sagte der Mond den Satz des kleinen Jan zu Ende. »Das ist das geheimnisvolle Traumlicht! Es bringt die Menschen zum Träumen!«
»Ich kann aber nicht einschlafen!«, flüsterte der kleine Jan. »Ich halte nur die Augen zu, damit ich dich besser hören kann!« – »Ich weiß! Ich weiß!«, sagte der Mond freundlich.
»Das ist ganz lieb von dir!« Er seufzte leise. »Aber jetzt muss ich weiter! Es warten schon so viele auf mich!« – »Gibst du auf die Katze Acht, wenn ich doch einschlafen sollte?«, fragte der kleine Jan. »Sie darf den kleinen Vögeln drüben im Nest nichts tun!« – »Ganz bestimmt!«, sagte der Mond. »Der Baum und ich geben Acht. Und morgen früh kannst du selbst nachsehen, ob sie noch da sind!«
»Danke, Mond!«, sagte der kleine Jan so leise, dass ihn nur noch der Mond verstehen konnte.

? Beiß rein, dann weißt du, wie gut es schmeckt!

Willst du mich im Garten pflücken,
musst du dich hinunterbücken.
Eine Beere, rot und schön!
Lass sie zart im Mund zergehn.
Sahne, Zucker, Milch dazu.
Jeder isst mich auf im Nu!

Erdbeere

Tief im Wald musst du mich suchen.
Schmecke gut auf einem Kuchen.
Ich bin rund und blau und klein.
Steck mich in den Mund hinein.
Blau die Zähne und der Mund.
Ich bin süß und so gesund!

Heidelbeere, Blaubeere

Der Busch, an dem sie wachsen,
will seine Stacheln zücken.
Drum gehe ganz behutsam vor,
willst du die Beeren pflücken.
Es haben zarte Borsten
die gelben, roten Beeren.
Doch wenn du sie gepflückt hast,
wirst du sie gern verzehren.

Stachelbeere

Ich bin rot und rund
und sehr gesund.
Du kannst mich sogar
an heißen Tagen
wie Ohrringe an den Ohren tragen.
Innendrin ist ein harter Kern,
aber jeder isst mich gern.

Kirsche

Juli

»Jetzt sind wir schon fast ein ganzes Jahr zusammen hier in unserer Gruppe!«, meint Frau Müller. »Und was haben wir nicht alles erlebt!« – »Mir hat es immer gefallen!«, sagt Ole. »Manchmal auch nicht so sehr!«, fügt Silke zögernd hinzu. »Und manchmal ganz besonders gut!«, ruft Anne. Frau Müller schaut die Kinder nachdenklich an. »Jetzt haben wir nicht mehr viel Zeit!«, meint sie. »Der Juli ist ganz bestimmt auch so schnell herum.« – »Aber wir wollen noch eine Nacht im Kindergarten schlafen!«, rufen die Kinder. »Und einen Ausflug zum Tiergarten machen!« – »Und zusammen noch einmal Eis essen gehen!« – »Und einen großen Ausflug bis zum Wilhelmsturm machen. Mit Picknick!« – »Und ein Spiel für das Sommerfest einüben!« – »Ein Spiel für alle, die nach den Ferien in die Schule gehen!« »Ein Abschiedsfest feiern ...«, sagt Andrea leise, und alle sehen sie an. Ja, in der letzten Zeit hat Andrea manchmal davon gesprochen, dass jetzt bald ihr Praktikum zu Ende ist. Dann muss auch Andrea wieder gehen. »Tut es dir Leid?«, fragt Ole und legt seinen Arm um sie. Andrea nickt. Sprechen kann sie jetzt nicht. »Bleib doch einfach hier!«, sagen ein paar Kinder und drängen sich eng an Andrea. »Ohne euch?« Jetzt muss Andrea lachen. »Ihr kommt doch auch in die Schule!« – »Und Andrea wird auch wieder eine Schule besuchen!«, sagt Frau Müller. »Eine Schule für alle, die einmal im Kindergarten arbeiten wollen!« – »Schluss jetzt!«, sagt Andrea. Sie nimmt ihre Gitarre und stimmt ein fröhliches Sommerlied an. Und schon singen alle mit. Und die Sonne scheint zum Fenster herein.

Was sagst du zum Sommer?

»Was sagst du zum Sommer?«, frage ich.
»Viel zu nass!«, sagt der Has'
und hoppelt weiter durchs hohe Gras.

»Was sagst du zum Sommer?«, frage ich.
»Viel zu trocken! Ich wusst' es gleich!«,
sagt der Frosch und springt in den Teich.

»Was sagst du zum Sommer?«, frage ich.
»Viel zu heiß!«, sagt das Reh
und sucht kühlen Schatten in der Näh'.

»Was sagst du zum Sommer?«, frage ich.
»Viel zu kühl! Muss das denn sein?«,
sagt der Maulwurf und gräbt sich ein.

»Was sagst du zum Sommer?«, frage ich.
»Viel zu kurz!«, sagt der Schmetterling.
»Was tu ich im Herbst nur, ich armes Ding?«

»Was sagst du zum Sommer?«, frage ich.
»Viel zu lang!«, sagt der Apfelbaum steif.
»Wann werden endlich die Äpfel reif?«

»Was sagst du zum Sommer?«, frage ich.
»Wunderschön!«, sagt das Kind,
weil hell und warm alle Tage sind,
weil alle Kinder dann draußen sind
und weil die Wiesen voll Blumen sind,
die Kirschbäume voller Kirschen sind
und alle Eisläden offen sind
und weil dann Sommerferien sind ...

»Was sagst du zum Sommer?«, frage ich
und freue mich, denn:
»Wunderschön!«, sagt das Kind.

Abzählreim

Du musst suchen,
du musst suchen,
kriegst dafür auch ein Stück Kuchen.
Findest du uns alle dann,
kriegst du später einen Mann!

Du musst suchen,
du musst suchen,
kriegst dafür auch ein Stück Kuchen.
Findest du uns alle, schau,
kriegst du später auch 'ne Frau!

Keiner lässt sich jetzt mehr blicken.
Zähle jetzt bis zehn.
Augen schließen, Rücken bücken,
du darfst keinen sehn.
Hexerei und Zauberdreck.
Schon sind wir alle weg!

Zähl ich 1, geht es los.
Leute, jetzt versteckt euch bloß!
Ich zähl 2 und dann 3 – jetzt noch 4!
1, 2, 3, nun reicht es mir!
Hört ihr mich?
Hört ihr mich?
2, 3, 4! Jetzt komme ich!

Ein Besuch im Tiergarten

Text: Rolf Krenzer · Musik: Reinhard Horn

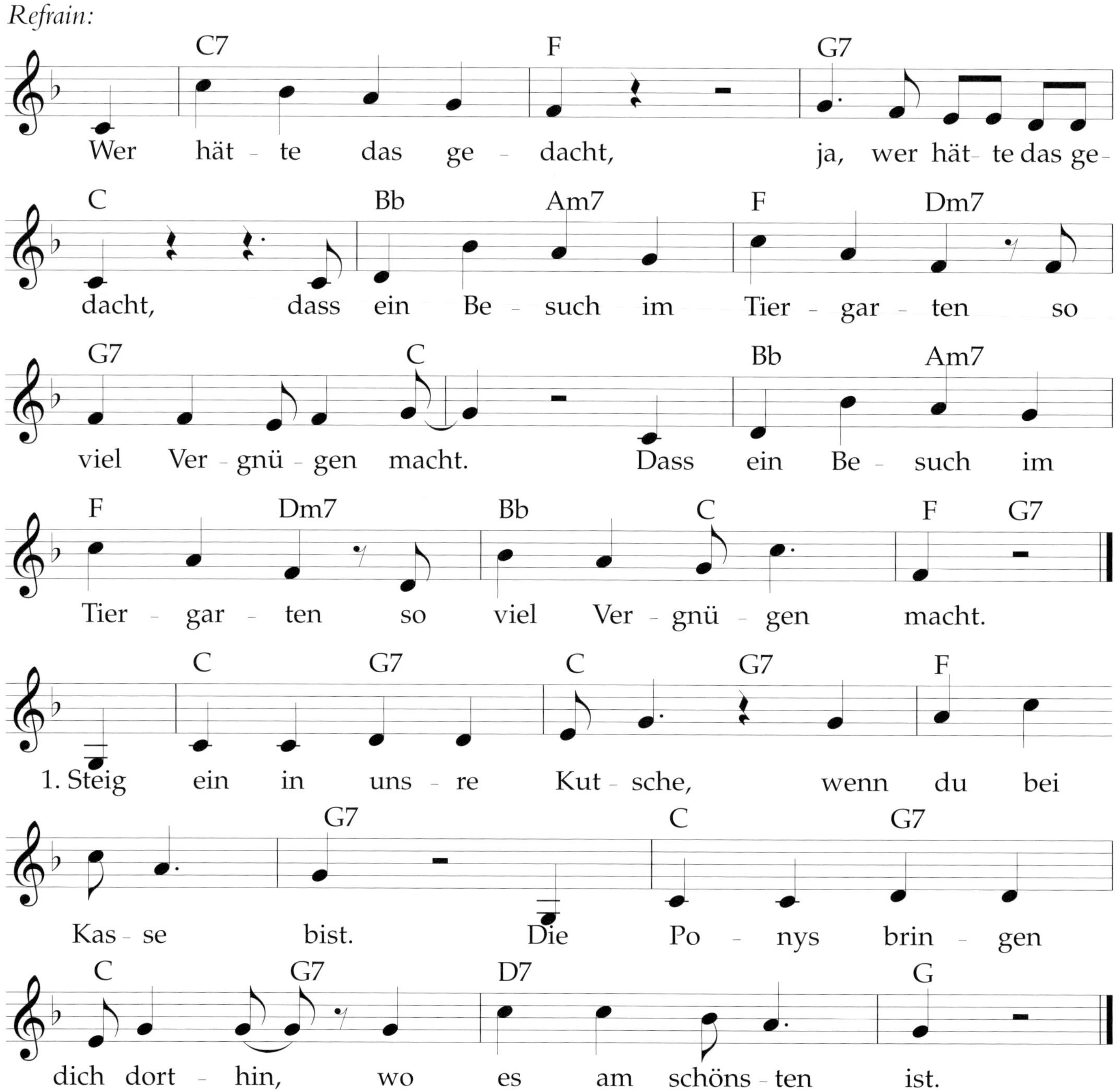

2. Willst du auf Schusters Rappen
im Zoo spazieren gehn,
dann hast du noch viel mehr davon
und kannst 'ne Menge sehn.

3. Vor Jahren gab es Wölfe
in unsern Wäldern hier.
Jetzt siehst du nur im Tiergarten
noch so ein wildes Tier.

4. Und gehn wir zu den Affen,
da bleiben wir lang stehn
und haben so viel Spaß daran,
weil sie uns ähnlich sehn.

5. Die Rehe kannst du füttern.
Sie kommen nah herbei.
Sie sind so viel Besuch gewohnt
und sind kein bisschen scheu.

6. Kennst du schon unsre Bären?
Wenn sie nicht schlafen, dann
sind sie so lustig, dass man sich
kaum davon trennen kann.

7. Es gibt auch viele Vögel.
Doch lernst du mit der Zeit,
dass du sie unterscheiden kannst
an ihrem Federkleid.

8. Am allerschönsten aber
ist es im Streichelzoo.
Weil man die Tiere streicheln kann,
sind alle Kinder froh!

9. So schnell vergehn die Stunden.
Am Ende sagst du dir:
Muss ich auch gehn, ich komm zurück
und bin bald wieder hier.

 Das Spiel von der Maus

Mäuslein, sag, Mäuslein, sag:
Was machst du den ganzen Tag?
Gradeaus, sagt die Maus,
hin und her,
kreuz und quer,
vorwärts, rückwärts und jetzt stehn
und dann gehn,
einmal drehn!
Hast du es genau gesehn?

Mäuslein, sag, Mäuslein, sag:
Woher kommst du Tag für Tag?
Gradeaus, sagt die Maus,
hin und her,
kreuz und quer,
vorwärts, rückwärts und jetzt stehn
und dann gehn,
einmal drehn!
Hast du es genau gesehn?

Mäuslein, sag, Mäuslein sag:
Wohin läufst du Tag für Tag?
Gradeaus, sagt die Maus,
hin und her,
kreuz und quer,
vorwärts, rückwärts und jetzt stehn
und dann gehn,
einmal drehn!
Hast du es genau gesehn?

Kleine Maus, kleine Maus,
sag: Wo finde ich dein Haus?
Gradeaus, sagt die Maus,
hin und her,
kreuz und quer,
vorwärts, rückwärts und jetzt stehn
und dann gehn,
einmal drehn!
Hast du es genau gesehn?

Schau mir zu, schau mir zu!
Bald bin ich so schnell wie du!
Gradeaus wie die Maus,
hin und her,
kreuz und quer,
vorwärts, rückwärts und jetzt stehn
und dann gehn,
einmal drehn!
Hast du es genau gesehn?

Spielanleitung
Wir sitzen im Kreis.

Gradeaus,	*(mit dem Oberkörper nach vorn)*
sagt die Maus,	
hin und her,	*(nach links, nach rechts)*
kreuz und quer,	*(schräg nach vorn, schräg nach hinten)*
vorwärts, rückwärts	*(vor und zurück)*
und jetzt stehn	*(aufstehen)*
und dann gehn,	*(einen Schritt nach vorn)*
einmal drehn!	*(und einmal sich um sich selber drehen)*
Hast du es	
genau gesehn?	*(Jetzt dürfen wir uns wieder setzen.)*

Die Bewegungen werden von Strophe zu Strophe schneller.

Lisa verreist

Letzten Sommer in den Ferien ist Laura, Lisas beste Freundin, mit ihren Eltern mit dem Auto bis nach Spanien gefahren. Einen ganzen Tag und eine ganze Nacht und noch einmal ein Stück vom nächsten Tag sind sie gefahren, bis sie endlich in Spanien am Meer waren. Laura hat so oft davon erzählt, dass Lisa ein bisschen neidisch geworden ist. Und Matz von gegenüber ist mit seinen Eltern in den Bergen gewesen. Sogar mit der Seilbahn ist Matz gefahren. Nur Lisa ist die ganzen Ferien lang zu Hause geblieben. Und oft musste sie den Tag über bei Frau Bonsen bleiben, weil Mutti doch arbeiten musste. Seit Vati und Mutti geschieden waren, arbeitete Mutti wieder. Und in den Sommerferien hatte sie keinen Urlaub bekommen. Vati wollte Lisa mit in den Urlaub nehmen. Seine neue Frau hatte sie auch ganz herzlich eingeladen. Doch Lisa hatte immer nur den Kopf geschüttelt. Wenn sie verreist, dann nur mit Mutti! Aber dieses Jahr verreist Lisa zusammen mit ihrer Mutti. Sie hat ihren Urlaub schon lange angemeldet. Und die Ferienwohnung auf dem Bauernhof ist auch bereits bestellt. Am ersten Ferientag steht Muttis kleiner roter Wagen blank geputzt vor der Tür. Lisa hilft, alle Sachen zum Auto zu tragen. Sie schafft sogar Muttis schweren Koffer bis zur Treppe. Aber dann sagt Mutti, dass er viel zu schwer für Lisa ist. Da stellt

Lisa ihn einfach neben den Schuhschrank im Flur. Aber die Sachen aus ihrem Zimmer, die trägt sie ganz allein zum Auto. Den großen Plüschteddy, das Feuerwehrauto, die beiden großen Puppen, die Kiste mit den Bausteinen und das riesige Kopfkissen mit dem rosa Bezug, ohne das Lisa nicht einschlafen kann. »Viel zu viel!«, jammert Mutti, als sie Lisas Sachen alle in ihrem kleinen Kofferraum verstauen soll. Aber Lisa kämpft um jedes Stück und bringt immer noch neue Sachen herbei, von denen sie sich nicht trennen kann. Nicht einmal für vierzehn Tage. »Der Koffer mit deinen Kleidern muss doch auch noch in den Kofferraum!«, sagt Mutti und seufzt, als Lisa nun auch noch ihren dicken blauen Ball anschleppt. »Auf dem Rücksitz ist noch viel Platz!«, lacht Lisa und stellt zufrieden fest, dass sie beide gut zusammen auf den Rücksitz passen, Lisa und ihr Koffer. Da ist sogar noch genug Platz für die Tasche mit den Bilderbüchern, den Malblocks und den Buntstiften und für den Discplayer und den kleinen Koffer mit den Lieder- und Märchen-CDs. Mutti lacht, als sie sieht, wie eingezwängt Lisa zwischen ihren vielen Sachen sitzt. »Nun gut!«, meint sie schließlich. »Wenn wir viel Regen haben, hast du wenigstens genug Sachen, mit denen du spielen kannst!« Dann stellt Mutti ihre große Tasche neben sich auf den Sitz. »So voll war das Auto noch nie!«, sagt sie. »Stell dir vor, wir müssten mit der Eisenbahn fahren! Da könntest du nicht so viel mitnehmen!« Da freut sich Lisa so richtig, dass Mutti ihr kleines rotes Auto hat. Und als Mutti dann die Haustür abgeschlossen hat und den Wagen startet, da lehnt sich Lisa ganz zufrieden auf dem Sitz hinter Mutti zurück. »Jetzt fahren wir auch in die Ferien!«, sagt Mutti und stellt das Radio an. Zuerst fahren sie durch die Stadt. Das ist so wie immer, wenn Lisa mit ihrer Mutter fährt. Nur ein bisschen enger als sonst ist es jetzt hinten. Aber dann geht es weiter über die Landstraße. Da spürt Lisa auf einmal, dass jetzt wirklich die Fahrt in die Ferien begonnen hat. Als bereits die blauen Hinweisschilder für die Autobahn auftauchen, bremst Mutti so plötzlich, dass Lisa richtig erschrickt. Gut, dass sie hinten festgeschnallt ist. Mutti lenkt den Wagen ganz nah an den Straßenrand und schaltet den Motor aus. »Ist was kaputt?«, fragt Lisa. »Haben wir wirklich nichts vergessen?«, fragt Mutti und wendet sich zu Lisa um. »Das Angelspiel!«, meint Lisa und erinnert sich, dass sie es bereits auf ihr Bett gelegt hatte, um es auch ja mitzunehmen. »Aber der Kofferraum war ja schon so voll!«, meint sie tröstend. »Und mein Koffer?«, fragt Mutti und blickt Lisa mit großen Augen an. »Ein Koffer steht neben mir!«, sagt Lisa und legt ihren Arm, so gut sie kann, darum. »Lisa, du hattest doch meinen Koffer aus meinem Schlafzimmer geholt!« Lisa nickt. »Aber du hast gesagt, dass er zu schwer für mich ist!« – »Und dann?«

»Dann habe ich ihn neben den Schuhschrank gestellt und meine Sachen geholt!« »Und alles haben wir eingepackt!«, stöhnt Mutti. »Nur meinen Koffer nicht!« – »Macht doch nichts!«, versucht Lisa Mutti zu trösten. Doch Mutti startet genervt den Wagen bereits wieder. »Wir müssen noch einmal zurück!«, sagt Mutti und sucht nach einem Platz, wo sie den Wagen wenden kann. Aber ein bisschen muss sie auch lachen.

Nach den Ferien erzählt Lisa Laura und Matz begeistert davon, wie schön es auf dem Bauernhof war. »Und meine Puppen und den Teddy und die Bausteine und das Feuerwehrauto und mein neues Angelspiel habe ich überhaupt nicht vermisst! Wir hatten ja immer schönes Wetter!« – »Durftest du auch keine Spielsachen mitnehmen?«, fragt Laura, die in diesem Jahr mit ihren Eltern sogar geflogen ist. »Nur mein schwarzer Stoffhund durfte mit ins Handgepäck!« – »Ich durfte schon!«, sagt Lisa nachdenklich. »Aber Muttis Koffer war so groß, dass sonst nichts mehr in den Kofferraum passte.« Sie lächelt und fügt dann hinzu: »Aber deshalb hat es auch nicht ein einziges Mal geregnet!«

Tiere im Zoo und anderswo

Meine Haut ist grau,
bin stark und schwer,
schwenk meinen Rüssel
hin und her.
Im Zirkus, im Zoo
staunt jedermann,
weil ich so viele
Kunststücke kann.

Elefant

Ich bin ein Hund
und doch kein Hund.
Ich belle laut wie er.
Ich schwimme
schneller als ein Fisch
im Wasser hin und her.
Doch komm ich aus
dem Wasser raus,
leg ich mich hin
und ruh mich aus.

Seehund

Zu mir will jeder im Zoo hingehn.
Bei mir bleiben alle Leute stehn.
Ich springe herum,
kann freundlich winken
und wie ein Mensch
aus der Tasse trinken,
Bananen schälen
und Kleider tragen.
Wie heiße ich?
Kannst du es sagen?

Affe

Sein Fell ist gelb.
Ich sage es ehrlich:
Er ist ein Raubtier
und sehr gefährlich.
Er trägt am Kopf eine große Mähne.
Er brüllt sehr laut
und zeigt seine Zähne.

Löwe

Ich bin ein Vogel.
Ja, das stimmt:
ein Vogel, der im Wasser schwimmt.
Doch will ich dann ans Ufer gehn,
ist auch mein schwarzer Frack zu sehn.
Stolziere wie ein Mannequin!
Jetzt rate, rate, wer ich bin!

Pinguin

Wie einen riesengroßen Baumstamm
kannst du mich oft liegen sehn.
Traue nicht dem grünen Baumstamm,
sonst wird es dir schlimm ergehn.
Wenn ich nur mein Maul aufreiße,
kann ich sehr gefährlich sein;
denn ich jage und ich beiße.
Lass dich ja nicht mit mir ein!

Krokodil

Mein Fell ist braun.
Ich bin sehr groß.
Ich bin auch stark!
Da staunst du bloß!
Ich brumme manchmal so beim Gehn
und kann wie du auch aufrecht stehn.

Bär

Ich bin ein Tier,
das sehr bekannt;
denn überall
in Stadt und Land
hat man hier
nur nach mir
die Straßenübergänge benannt.

Zebra

Ich springe über Zäune und Hecken
und brauche die Beine nicht zu verstecken.
Und bin ich einmal ärgerlich,
dann trete ich und boxe ich.

Känguru

Komm nicht zu nah an mich heran,
weil ich kräftig spucken kann.
Aus meiner Wolle strickt man gern
Pullover und Schals für Damen und Herr'n.

Lama

Ist dein Hals so lang wie meiner,
ja, dann übersieht dich keiner!
Brauche mich nur umzudrehn
und kann meilenweit viel sehn.

Giraffe

August

»Wenn die Ferien anfangen, ist für viele die Kindergartenzeit vorbei!«, sagt Frau Müller. »Ich gehe dann auch«, meint Andrea. »Dann ist auch mein Praktikum vorbei.« – »Schade!«, sagt Frau Müller leise. »Schade!«, sagen auch die Kinder. Aber Max tröstet sie: »Wir gehen ja auch!« – »O ja!«, schreien die andern durcheinander. »Dann fängt die Schule an!« »Schade!«, sagt Frau Müller. »Gar nicht schade!«, lacht Susi. »Ich freue mich schon so auf die Schule!« – »Schade für mich!« Frau Müller legt die Arme um die Kinder, die ihr am nächsten sitzen. »Jetzt waren wir so lange zusammen und haben so viel erlebt. Und jetzt, wo ihr richtig groß seid, da geht ihr!« Einige Kinder haben richtig Mitleid mit Frau Müller. Jetzt möchten sie am liebsten gar nicht gehen. Da lacht Frau Müller. »Glaubt ja nicht, dass ich ohne Arbeit bin. Wenn die Großen gehen, dann kommen die Kleinen!« »Freust du dich auf die Kleinen?«, fragt Ole. Frau Müller nickt. »Ein bisschen schon!«, sagt sie. »Und wir werden uns sicher nach und nach immer mehr mögen!« – »So, wie es bei uns war!«, stimmt Silke zu. »Genau so!«, lacht Frau Müller. »Und was werdet ihr machen?« »Wir werden wieder mit kleinen Fingerspielen und ganz einfachen Spielliedern und Geschichten anfangen«, sagt Frau Müller. »Dann wird es immer mehr werden, wir werden Ausflüge zur Feuerwehr und zur Polizei machen. Und Spielcomputer sollen wir auch bekommen!« Sie blickt ihre Großen an, als wollte sie sich jedes Gesicht fest einprägen. »Und eines Tages sind auch diese Kleinen wieder groß!« – »Und sie spielen zusammen das Spiel vom Schulanfang, so wie wir!«, fügt Ole hinzu. »Oder ein ähnliches!« »Aber jetzt müssen wir noch einmal proben. Wir wollen es ja noch den Eltern vorspielen!«

Du und ich, ich und du
(Fingerspiele)

Alle Reime und Verse können wir leicht in ein Spiel allein, zu zweit und mit mehreren umsetzen.

Du und ich, ich und du
Du und ich,

ich und du,
schau, so nicken wir uns zu.
Du und ich,
ich und du,
ja, so nicken wir uns zu.

Du und ich,
ich und du,
schau, so blinzeln wir uns zu.
Du und ich,
ich und du,
ja, so blinzeln wir uns zu.

Wir klatschen, lachen, stampfen, schnalzen uns zu, wobei wir alles, was uns gerade einfällt, in unser Spiel umsetzen können.

Die Finger einer Hand

Der fährt gerne Eisenbahn,
der kommt mit dem Flugzeug an,
mit dem Auto fährt der Mann,
der fährt gerne Bus.
Und der geht gern zu Fuß.

Der isst gerne Himbeereis,
der isst gern Vanilleeis,
der mag Schokoladeneis,
der hat großen Durst ...
und der isst lieber Wurst.

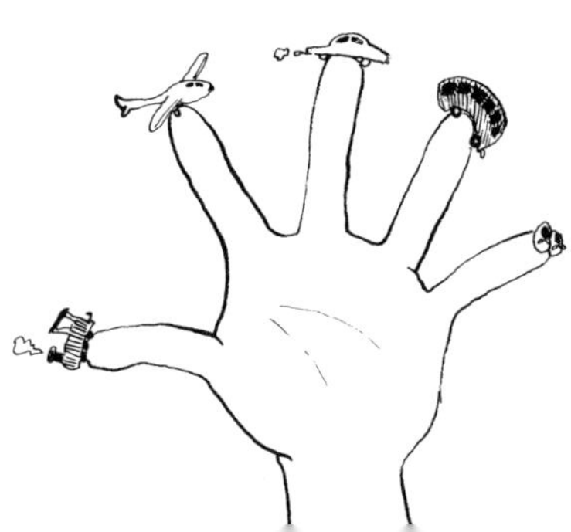

Winzige Geschichten

Auto fahren

Wir fahren mit dem Auto.
Zuerst fahren wir ganz ruhig dahin.
Jetzt geht es um eine Kurve.
Nach links! Nach rechts! Nach links! Nach rechts!
Jetzt ist die Straße holprig.
Wir fahren schneller und schneller.
Wieder eine Kurve.
Nach links! Nach rechts! Nach links! Nach rechts!
Jetzt fahren wir langsam. Immer langsamer.
Stopp! Alles aussteigen!
Wir haben keine Angst,
denn wir sind ganz dicht zusammen.

Wenn der Wind bläst,
schaukeln wir hin und her.
Wenn es regnet, bücken wir uns nach vorn.
Wenn es donnert, halten wir uns ganz fest.
Wenn die Sonne scheint, breiten wir die Arme aus.
Wir haben keine Angst,
denn wir sind ganz dicht zusammen.

Hasenabenteuer

Mittendrin im Gras
sitzt ein kleiner Has',
wackelt mit dem Schwänzchen,
tanzt ein Hasentänzchen,
putzt den Bart und schon

hoppelt er davon,
hopp, hopp, hopp,
hoppelt er davon.

Mäuschen im Häuschen
In einem Häuschen,
da sitzt ein Mäuschen,
schläft im Versteck.
Da schleicht die Katz' herzu!
Die Maus erwacht im Nu.
Husch, ist sie weg!

Winzige Nikolaus-Geschichte
Den Nikolaus hab ich gesehn
an unserm Haus vorübergehn.
Er nickte und er winkte mir
und deutete auf meine Tür
und sprach kein einz'ges Wort
und war auf einmal fort.

Wir versuchen, mit unseren Händen
die Geschichten zu gestalten.

Der Jonas und die Jule, die gehen jetzt zur Schule

Text: Rolf Krenzer · Musik: Reinhard Horn

Ein Spiel mit den Kindern, die den Kindergarten verlassen, um nach den Ferien mit der Schule zu beginnen.

Jonas und Jule haben es eilig, denn sie wollen am ersten Schultag pünktlich in der Schule sein.

Es spielen mit: Jule und Jonas, Bello, der Hund, Jules und Jonas' Eltern, Steffen, ein kleiner Freund, Mieze, die Katze, und viele, viele Kinder.
Wir brauchen für das Spiel: zwei Brezeln, zwei Schultüten und viele selbst gebastelte Blumen und Girlanden.

1. Szene
Jonas und Jule kommen mit den Schulranzen auf dem Rücken daher.

Alle singen:
Der Jonas und die Jule,
die gehen jetzt zur Schule
und freuen sich darauf.
Drum haltet sie nicht auf!
Das Schultor steht schon auf.
Auf, Jonas! Auf, Jule!
Drum lauf, lauf, lauf, lauf, lauf!

BELLO, DER HUND: Wau! Wau! Hallo, Jule! Hallo, Jonas! Warum habt ihr es denn heute so eilig?

JONAS: Wir haben keine Zeit! Wir wollen zur Schule!

BELLO: Ich will euch doch nur etwas fragen.

JULE: Aber nur ganz kurz, Bello!

BELLO: Was habt ihr denn da auf dem Rücken?

JONAS: Das ist ein Schulranzen!

BELLO: Und was ist dadrin?

JULE: Hefte und Buntstifte und ...

BELLO: Ach, nur so unnötiger Kram. Wenn ich so einen ... Wie heißt das Ding da?

JONAS: Schulranzen!

BELLO: Wenn ich so einen Schulranzen hätte, wäre ich froh!

JULE: Willst du etwa auch lesen und schreiben lernen?

BELLO *(schnuppert an Jules Ranzen)*: Riechen deine Hefte und Buntstifte alle nach Wurst und Käse?

JULE: Da ist natürlich auch noch mein Frühstück drin!

BELLO: Siehst du! Genau dafür brauche ich auch so einen ... Wie heißt das Ding noch?

JONAS: Schulranzen!

BELLO: Ich könnte alle meine Knochen hineinlegen und brauchte jetzt nicht zu suchen, wo ich sie vergraben habe. Bitte, könnt ihr mir suchen helfen?

JONAS: Bello, wir haben es ganz eilig! Bitte sei nicht böse! Jetzt können wir dir nicht helfen!

BELLO: Ihr könnt gut reden!
Ihr habt nicht solchen Hunger!

JONAS: Komm her! Du kriegst die Hälfte von meinem Frühstück! *(Er öffnet seinen Schulranzen und bricht ein Brötchen auseinander.)* Da!

BELLO: Danke, Jonas! Man merkt gleich, dass du in der Schule schon etwas ganz Wichtiges gelernt hast!

JONAS: Wie willst du das denn wissen? Ich gehe ja heute zum ersten Mal hin!

BELLO: Siehst du, teilen kannst du schon! Jule, Jonas hat sein Frühstück mit mir geteilt!

JULE: Jetzt müssen wir aber wirklich los! Auf, Jonas, komm!

2. Szene

Alle singen:
Der Jonas und die Jule,
die gehen jetzt zur Schule.
Sie sind ja so gespannt.
Heut wird es interessant!
Das Schultor steht schon auf.
Auf, Jonas! Auf, Jule!

Drum lauf, lauf, lauf, lauf, lauf!
(Der kleine Steffen kommt.)

STEFFEN: Hallo, Jonas und Jule!

JULE: Hallo, Steffen! Wir haben es eilig!

STEFFEN: Und ich habe einen neuen Videofilm! Wollt ihr ihn mit mir ansehen?

JONAS: Geht nicht! Wir müssen in die Schule!

STEFFEN: Nur ein bisschen gucken?

JULE: Leider nicht! Wir müssen in die Schule!

STEFFEN: Und was wollt ihr da machen?

JONAS: Lernen! Lesen lernen!

STEFFEN: Bin ich froh! Ich brauche noch nicht lesen zu lernen. Ich habe ja einen Videofilm. Da kann ich alles sehen!

JULE: Komm, Jonas, der versteht es wirklich noch nicht! *(Sie laufen weiter und winken Steffen nach.)*

Alle singen:
Der Jonas und die Jule,
die gehen jetzt zur Schule.
Auf einmal sind sie groß.
Heut geht die Schule los!
Das Schultor steht schon auf.
Auf, Jonas! Auf, Jule!
Drum lauf, lauf, lauf, lauf, lauf!

3. Szene

MIEZE *(die Katze kommt)*: Hallo, Jule! Hallo, Jonas! Wartet doch mal!

JONAS: Wir haben keine Zeit!

JULE: Die Schule fängt an!

JONAS: Und wir wollen pünktlich sein!

MIEZE: Einen winzigen Augenblick Zeit werdet ihr doch noch für mich haben! Ihr könntet mich ein bisschen streicheln. Ich bin heute noch nicht gestreichelt worden.

JULE: Später, Mieze, wenn wir von der Schule zurück sind!

MIEZE: Seht doch nur: Es ist so ein schöner Morgen! Was wollt ihr da in der doofen Schule?

JONAS: Schule ist nicht doof! Wir wollen etwas lernen.

JULE: Ganz viel lernen wollen wir!

MIEZE: Und wer bringt euch da was bei?

JONAS: Die Lehrerinnen und die Lehrer!

MIEZE: Ich war nie in der Schule und habe doch alles gelernt, was Katzen brauchen.
Soll ich euch beibringen, wie man Mäuse fängt?

JULE: Vielleicht später, Mieze, wenn wir wieder zu Hause sind!

MIEZE: Dann nehmt mich mit! Allein ist es mir hier zu langweilig!

JONAS: Lauf doch zu dem kleinen Steffen. Der wird froh sein, wenn er jemand zum Spielen findet. Sonst haben wir immer zusammen gespielt. Aber er kann noch nicht mit zur Schule.

JULE: Er ist noch zu klein!

MIEZE: Ob er vielleicht lernen will, wie man Mäuse fängt?

JONAS: Du kannst ihn ja mal fragen!

JULE: Jetzt müssen wir aber wirklich los! Am ersten Tag zu spät kommen! Das wäre sehr schlimm!

MIEZE: Viel Spaß in der Schule!

JULE und JONAS: Tschüs! Mach's gut, Mieze!

Alle singen:
Der Jonas und die Jule,
die gehen jetzt zur Schule.
Sie laufen Hand in Hand
und sind ja so gespannt.
Das Schultor steht schon auf.
Auf, Jonas! Auf, Jule!
Drum lauf, lauf, lauf, lauf, lauf!

4. Szene

(Jules und Jonas' Eltern kommen hinter ihnen hergelaufen.)

1. PAPA: Jule, warte doch!

2. PAPA: Jonas! Bleib stehen!

1. MAMA: Warum seid ihr denn so schnell losgelaufen?

2. MAMA: Einen Augenblick konntet ihr doch noch warten!
Jule: Wir wollen pünktlich in der Schule sein!

JONAS: Und nicht zu spät kommen!

1. PAPA: Wir sind nicht zu spät!

2. PAPA: Wir haben doch sogar Urlaub genommen, um am ersten Tag mit euch zur Schule zu gehen!

1. MAMA: Und eine Überraschung haben wir auch für euch!

2. MAMA: Sie war nur noch nicht ganz fertig!

1. MAMA: Aber jetzt habe ich sie aus dem Backofen herausgeholt.

2. MAMA: Und ich auch! Jetzt ist sie gar. Vorsicht, sie ist noch sehr warm!
So, Jonas, nun greif in die Tasche!

(Jonas greift in die Tasche und holt eine große Brezel heraus.)

JONAS: Eine Brezel!

1. MAMA: Komm, Jule! Greif einmal in meine Tasche!
(Jule holt aus der anderen Tasche eine große Brezel.)

JULE: Eine Schulbrezel!

1. PAPA: Ja, die bekommt man, wenn man zum ersten Mal in die Schule geht.

JONAS *(beißt hinein)*: Hm! Die schmeckt gut! Willst du ein Stück, Jule?

2. PAPA: Halt! Die Brezel wird erst gegessen, wenn ihr in der Schule wart! Vorher nicht!

1. MAMA: Mit vollem Bauch kann man nicht laufen!

2. MAMA: Ja, jetzt ist es wirklich höchste Zeit, sonst fängt die Schule ohne uns an!

Alle singen:
Der Jonas und die Jule,
die gehen jetzt zur Schule
und freuen sich darauf.
Drum haltet sie nicht auf!
Das Schultor steht schon auf.
Auf, Jonas! Auf, Jule!
Drum lauf, lauf, lauf, lauf, lauf!

5. Szene

Viele Kinder mit Fähnchen, Blumen, Girlanden (vielleicht sogar ein ganzes Orchester) halten jetzt Jule und Jonas auf:

Kinder: Halt! Stehen bleiben!

JULE: Lasst uns durch! Wir haben es eillig!

ELTERN von Jonas und Jule: Ja, lasst uns durch, sonst kommen wir zu spät zur Schule!

KIND *(mit einer Liste)*: Zuerst eure Namen!

JULE: Jule.

KIND *(sucht in der Liste):* Jule Schneider, sechs Jahre, Kastanienweg 7?

JULE: Ja, das bin ich!

JULES ELTERN: Ja, das ist sie!

KIND: Dann musst du Jonas sein! Jonas Petersen, sechs Jahre, Südhang 12?

JONAS: Ja, das stimmt!

JONAS' ELTERN: Ja, das ist unser Jonas. Und alles andere stimmt auch!

JONAS: Woher weißt du das denn alles?

KIND: Steht doch hier! Kannst du nicht lesen?

JONAS: Das will ich doch jetzt lernen!

2. KIND: Dann bist du bei uns richtig!
Wir sind im zweiten Schuljahr und laden euch ganz herzlich in die Schule ein.

3. KIND: Zuerst kriegt jeder von euch eine Schultüte!
(Zwei Kinder reichen Jule und Jonas die Tüten.)

KIND: Dann kriegt jeder eine Blume zur Begrüßung!
(Kinder bringen Pappblumen.)

KIND: Und jetzt kommt mit in die Schule! Die andern warten schon auf euch!
(Die Kinder halten die Girlanden über Jule und Jonas und führen sie in die Schule hinein. Die Eltern folgen.)

Alle singen dazu:

♫ Wenn die Schi-Scha-Schule beginnt

Text: Rolf Krenzer · Musik: Reinhard Horn

2. Wenn die Li-La-Lehrerin lacht,
weil die Schule Spa-pa-paß macht,
dann wird alles leicht
und so viel erreicht,
weil die Schule Spa-pa-paß macht.

3. Wenn der Lu-La-Lehrer nicht tobt,
dafür la-la-lieber mal lobt,
ist die Schule schön.
Das kann jeder sehn,
wenn er la-la-lieber mal lobt.

4. Wird die Schi-Scha-Schule geliebt,
wird mit Spa-pa-paß dort geübt.
Leute, seht das ein,
es kann herrlich sein,
wird die Schi-Scha-Schule geliebt.